업무체력

HEALTH HACKS! BUSINESS PERSON NO TAME NO SURVIVAL KENKO TOSHIJUTSU
by Hiroshi Kawada
copyright ⓒ 2009 by Hiroshi Kawada
Original Japanese edition published by Discover 21, Inc., Tokyo, Japan
Korean translation copyright ⓒ 2012 Sallim Publishing Co., Ltd
Korean translation rights arranged with Discover 21, Inc.
through InterRights, Inc., Tokyo and Korea copyright Center, Inc., Seoul

이 책의 한국어판 저작권은 ㈜한국저작권센터(KCC)를 통한
저작권자와의 독점 계약으로 ㈜살림출판사가 소유합니다.
저작권법에 의해 한국 내에서 보호를 받는 저작물이므로 무단 전제와 복제를 금합니다.

업무체력
HEALTH HACKS

1일 30분 연봉을 올려주는 건강습관

• 가와다 히로시 지음 | 최지영 옮김 •

살림

프롤로그

건강 유지도 일의 하나

나는 도카이 대학 의학부 안티에이징(Anti-Aging) 센터에서 검진자들을 가능한 한 건강하고 젊어지게 하는 것에 몰두하고 있는 의사입니다. 그런 내가 몸이 건강하지 않거나 나이 들어 보이면 당연히 검진자에게 무엇을 말한들 신뢰받지 못하겠죠. 나의 충고를 듣게 하기 위해서는 나를 한 번 본 것만으로 건강하고 활기찬 사람이라고 생각하게 할 필요가 있습니다. 그래서 나는 '건강 마니아'가 되어 건강하고 젊게 보이는 방법을 연구하고, 매일 여러 가지 건강법을 실천하였습니다.

그때 매일같이 연구하던 것은 효과가 있으면서도 지속할 수 있는 건강법이었습니다. 아무리 쉽고 계속할 수 있다고 해도 정작 효과가 없으면 소용이 없습니다. 반대로 효과는 훌륭하지만 실행하기 어려워 계속할 수 없다면 이 역시 소용이 없습니다. 건강은 유지할 수 있어야 의미가 있기 때문입니다.

수많은 방법을 시험해본 결과 바쁜 일상 중에도 계속할 수 있고, 게다가 효과도 있는 '초(超) 건강법'을 개발하였습니다. 바로 이것을 소개하는 것이 이 책의 목적입니다.

나의 미래를 위한 세 가지 투자

자신의 미래를 위한 투자는 다음의 세 가지를 들 수 있습니다.

① 공부·자격증 따기
② 저축·투자
③ 건강관리

과거에는 종신고용제에 의한 연공서열 사회였지만 이제는 의사건 직장인이건 개인의 가치로 평가받는 시대가 되었습니다. 이러한 시대에는 자신을 갈고닦아 활동의 폭을 넓히고, 성과를 올리는 만큼 더욱 높은 곳으로 올라갈 수 있습니다. 이때 항상 건강을 유지할 수 있다면 틀림없이 커다란 무기가 될 것입니다.

그런데도 직장인들의 건강은 오히려 점점 나빠지고 있습니다. 공부를 하고 자격증을 따며 저축하는 등 착실히 앞날을 준비하고 있지만, 또 하나의 중요한 자기투자인 건강관리는 자신의 건강을 잃고 나서야 그 중요성을 깨닫습니다.

왜 그럴까요?

너무 바빠 건강에 신경 쓸 여유가 없으며, 건강에 대한 정보가 넘쳐나 무엇을 어떻게 하면 좋은지 잘 모르기 때문입니다. 그리고 또 하나 잊어선 안 될 중대한 원인은 세상에 떠도는 수많은 건강정보가 대부분 미심쩍다는 것입니다.

증거가 없는 미심쩍은 건강정보에 혹하지 말 것

영국의 의학지인 「BMJ」에는 근거 없는 수상한 건강정보가 소개되었습니다.

- 물은 많이 마시는 게 좋다.
- 사람은 뇌의 10%밖에 쓰지 않는다.
- 어두운 곳에서 책을 읽으면 눈이 나빠진다.
- 털을 깎으면 점점 빨리 자라고 뻣뻣해진다.
- 병원에서 휴대전화를 사용하면 의료기기가 오작동한다.

수상한 건강정보(「BMJ」 2007년 12월 22일 호)

이 중에는 여러분이 지금까지 옳다고 믿어온 것도 있을 것입니다. 그러나 새롭게 조사한 결과, 전혀 과학적 근거가 없었습니다. 건강해지려면 하루에 물을 8잔씩 마시라고 하지만 근거는 전혀 없었습니다. '인간은 뇌의 10% 밖에 쓰지 않는다.' 라고 말한 것은 뇌 기능이 거의 해명되지 않은 100년 전 자료가 그대로 전해져온 것입니다. '어두운 곳에서 책을 읽으면 눈이 나빠진다.' 는 것은 어두워서라기보다 어두우면 무심코 책에 눈을 가까이 대는 것이 직접적인 원인입니다. '털을 깎으면 자라는 속도와 성질이 변한다.' 는 것을 증명할 사실은 전혀 없었습니다. 그리고 '병원에서 휴대전화를 사용하면 의료기기가 오작동한다.' 는 것도 명확한 과학적 증거가 없었습니다.

이외에도 미심쩍은 건강정보들이 넘쳐나고 있습니다. 미심쩍은 건강법은 아무리 시험해봤자 당연히 효과도 없고, 어설프게 따라했다가 건강을 해칠 우려가 있습니다. 그래서 이 책은 바쁜 직장인들에게 과학적이고 정확한 건강정보를 제공하며, 누구나 할 수 있고, 제한된 시간에도 계속할 수 있으면서 적은 투자로 최대의 효과를 얻을 수 있는 지렛대 효과(Leverage Effect)가 있는 '초 건강법'

소개를 목적으로 집필했습니다.

열심히 노력해서 수집한 '눈이 번쩍 떠지는' 최신 건강지식과 시행착오 끝에 확립한 '계속하고 싶어지는' 건강유지의 노하우를 하나도 남김없이 전하겠습니다.

잃고 나서는 늦는다

나는 자기계발서를 좋아합니다. 훌륭한 자기계발서는 독자에게 전하는 메시지가 있어 건강 추구를 위한 자료로 많이 참고하게 됩니다. 수많은 자기계발서의 도움과 과학적 근거에 의해 개발한 건강법을 나만 알고 있을 게 아니라 경제를 떠받치고 있는 많은 직장인에게 알리고 싶었습니다. 내게는 어린 자녀 2명이 있는데, 이 아이들이 살아갈 미래를 위해서도 직장인들이 더욱 건강하게 활약하길 바랍니다.

현재 건강 관련 책은 많지만 대부분 60대나 그 이상의 고령자가 대상입니다. 사람이 건강에 관심을 갖는 시기는 대부분 나이가 들거나 병에 걸린 후부터기 때문입니다. 그렇지만 그때는 이미 늦습니다. 우리 몸은 생활습관으로 만들어지기 때문입니다.

사람은 잃고서야, 망가지고서야 그것이 얼마나 중요한 것이었나를 깨닫습니다. 인생에는 없어지고 나서 그 가치나 중요성을 직시하게 되는 것이 몇 가지 있습니다. 그 대표적인 것이 '타인의 애정'과 '건강' 입니다.

그래서 한창 일할 때인 젊은 직장인이 건강 운명을 플러스로 바꾸어가는 데 도움이 될 새로운 건강 책을 만들자고 결심했습니다. 지금까지 건강에 그다지 관심이 없었던 사람도 건강해지고픈 의욕이 생기는 것, 행동하게 하는 것을 가장 큰 목표로 삼았습니다. 그 결과 완성된 것이 이 책입니다. 이 책을 읽고도 건강에 눈을 뜨지 못한다면 당신은 어지간하게 건강을 싫어하는 사람이거나 건강 마니아 둘 중 하나일 것입니다.

1장에서는 건강유지가 일의 하나라는 사실을 구체적인 자료를 근거로 설명합니다. 건강해지는 만큼 일이 궤도에 올라 연봉이 오르고 경제적으로도 풍요로운 생활을 할 수 있습니다.

그러면 어떤 식으로 건강을 추구하면 좋을까요? 그것은 2장에서 설명합니다. 비즈니스 원칙은 건강에도 적용됩니다.

3장에서는 여러 가지 중요하고 재미있는 건강지식을 소개합니다. 의외의 사실에 놀라며 처음 알게 된 진짜 정보에 정말로 '눈이 번쩍 떠지는' 경험을 하게 될 것입니다.

    4장부터 6장까지는 내가 매일 실천하고 있는 3가지 '초 건강법'을 설명합니다.

    4장에서는 바쁜 직장인도 할 수 있고 중간에 멈추지 않는 획기적인 건강술, 즉 건강유지의 '비법'을 소개합니다.

    5장에서는 몸뿐만 아니라 머리까지도 건강해지는 법을 소개합니다. 그대로 실천하면 머리가 한층 좋아질 것입니다.

    마지막 6장에서는 몸속만이 아닌 외모까지 건강해지는 방법을 소개합니다. 비즈니스에서도 연애에서도 반드시 도움이 될 것입니다.

    지금부터 '초 건강법'을 일상생활에서 실천한다면 당신의 미래는 반드시 장밋빛으로 바뀔 것입니다. 꼭 이 책을 활용해서 즐겁고 바르게 자신의 건강에 투자해보십시오.

도카이 대학 의학부

가와다 히로시

Contents

프롤로그 _건강 유지도 일의 하나 • 5

Chapter 1.
건강의 경제학, 건강으로 연봉을 올려라

건강할수록 연봉도 높다 • 21

건강으로 생명까지 얻을 수 있다 • 25

부자 사원, 가난한 사원의 갈림길 • 29

사장은 평소에 건강관리를 하는 인재를 채용한다 • 32

사원이 건강하면 회사는 3배의 비용을 절감할 수 있다 • 35

헬스클럽에 몸을 맡기지 마라 • 37

당신이 알고 있는 건강 상식을 뒤집어라 • 39

Chapter 2.
승진을 위한 7가지 건강전략

수상한 건강 사업은 왜 망하지 않을까? • 45

내 환경에 맞지 않으면 다 소용없다 • 47

걷기운동은 왜 계속 할 수 없을까? • 50

오키나와는 더 이상 장수의 상징이 아니다 • 53

운동도 혼자하면 외롭다, 원원 전략을 써라 • 58

한때 유행했던 건강법이 오래가지 않는 이유 • 62

칼로리와 염분을 동시에 공략하라 • 64

너무 마른 것은 비만보다 못하다 • 66

Health Up 칼럼
정말 과학적 근거가 있을까? • 69

Chapter 3.
100% 확실한 '눈이 번쩍 떠지는' 건강습관

과일 속 비타민과 미네랄은 과거의 1/5 수준 • 75

도시인이 더 장수한다 • 79

당신이 몰랐던 장수의 3대 요건 • 82

프렌치 패러독스로 칼로리를 정복하라 • 88

혈당 조절과 체중감량을 동시에 할 수 있는 저탄수화물 다이어트 • 92

체중 감량이 승진에 미치는 영향 • 97

하루 소비 칼로리를 계산하는 것만으로 체중은 변한다 • 101

TEST PAGE
칼로리 계산 연습 • 107

성격이 급하면 심장병 발병률은 2배 높아진다 • 109

TEST PAGE
당신의 성격은 A형? B형? • 111

일 잘하는 사람과 그렇지 못하는 사람의 수분 섭취법 • 112

소량의 음주가 과연 건강에 이로울까? • 115

영양제는 반드시 필요하다 • 118

Health Up 칼럼
과학적 근거에 대해 • 126

Chapter 4.
최상의 컨디션을 위한 이기는 건강습관

스트레스를 받지 않는 최강의 아침식사 ① 파워 믹서 활용법 • 131

최고의 성과를 낼 수 있는 최강의 아침식사 ② 두유 • 138

균형 잡힌 하루를 위한 최강의 아침식사 ③ 홈 베이커리 식사법 • 141

걷기와 조깅을 한 번에, 가정용 트레드밀 활용법 • 145

내 몸을 깨끗이 하는 수분 보충, 정수기 이용법 • 152

기억력과 집중력을 회복시키는 30분 낮잠, 파워냅 • 156

혈관이 막히면 당신의 승진도 막힌다, 지방 조절 • 161

나이를 먹어도 빛을 잃지 않는 비법, 근육 강화 • 169

간단히 할 수 있는 근육 트레이닝 베스트 3 • 172

TEST PAGE
30초 의자 일어서기로 알아보는 근육노화도 테스트 • 179

Health Up 칼럼
흡연 · 과식 · 과음을 끊을 수 없는 사람을 위한 간단한 장치 • 181

Chapter 5.
일 잘하는 사람의 두뇌 관리법

'두뇌의 힘'을 최상으로 유지하는 법 • 189

커피는 비상식적인 건강법일까? • 193

업무에 집중할 수 없는 여성을 위한 스위트 스폿, 철분 • 197

뇌를 위한 새로운 전략, DHA • 201

뇌를 살리는 영양보충제, 은행잎 추출액 • 205

뇌가 가르쳐주는 하나의 습관, 긍정적 마인드 • 210

TEST PAGE
의욕도 테스트 • 213

Chapter 6.
외모 경쟁 시대의 건강 블루오션 전략

외모도 경쟁력이다 • 217

호감도 100%, 하얀 치아가 승진의 승패를 좌우한다 • 220

직장인의 흰머리는 연륜이 아니다 • 224

'빛'을 장악하는 자가 부서를 장악할 수 있다 • 230

과도한 머리를 쓰는 직장인의 필수품, 기름종이 • 235

언제 어디서나 반짝이는 눈을 위하여, 안약 • 238

과도한 회식은 입냄새와 몸냄새의 원인 • 242

에필로그 _ 거울 앞에 선 당신의 모습에 자신을 가져라 • 246

Chapter 1

건강의 경제학,
건강으로 연봉을 올려라

이제부터 어떻게 하면 지금보다 좀더 건강해질 수 있는지 알려 드리겠습니다.
그렇지만 무작정 '이것을 해라, 저것을 해라.' 하고 지시하겠다는 말은 아닙니다.
이 장에서는 지금보다 더 건강해지면 앞으로 당신의 운명이 얼마나 바뀌는지에 대해서 설명하겠습니다.

HEALTH HACKS

건강할수록 연봉도 높다

'두뇌로 승부한다'고 생각하기 쉬운 의사도 사실은 의외로 체력으로 승부합니다. 중요할 때에 남보다 건강하게 지구력과 집중력을 발휘할 수 있는 사람이 결국엔 성공합니다. 이는 직장인도 마찬가지입니다.

비즈니스의 세계에서 뛰어난 활약을 하는 사람에 관한 책을 읽을 때마다 '역시 이 사람도 건강하고 강인하구나.' 하고 생각합니다.

그러면 먼저 건강하면서 성공한 사람에게 어떤 좋은 일이 일어나는지 자료를 근거로 설명하겠습니다.

먼저 건강할수록 연봉이 높아집니다. 다음의 그래프를 보세요.

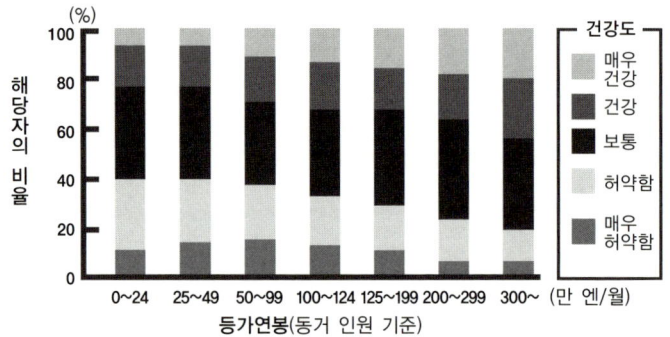

건강도와 연봉의 관계-건강할수록 연봉도 높다

이 그래프는 건강도와 연봉의 관계를 조사한 결과입니다.

여기서 말하는 건강도라는 것은 주관적인 건강함, 즉 자신이 지금 얼마나 건강하다고 느끼고 있는가를 말합니다. 등가연봉이란 동거인 등의 가족구성을 고려해서 연봉을 한 사람당 금액으로 조정한 것입니다.

그래프를 보면 둘 사이에는 확실한 상관관계가 있다는 것을 알 수 있습니다.

반대로 생각해볼까요? 연봉이 오르면 건강도도 오를 거라 생각할 수도 있습니다. 수입이 많아지면 그만큼 자신의 몸을 위해 돈을 쓸 수 있게 됩니다. 그러나 돈을 쓰면 정말로 그만큼 건강해지는 걸까요? 나는 스스로 이러한 질문을 해보았습니다.

20년간 의사로서 많은 환자를 접해오며 내가 내린 결론은 '건강은 반드시 돈으로 살 수 있는 건 아니다.'였습니다. 그러므로 나는 '건강도가 오르는 만큼 연봉도 오른다.'고 해석하고 있습니다.

건강도가 오르면 여러 가지 일에 도전할 기력이 솟아 몸에도 활력이 생기므로 의욕적으로 행동하게 됩니다. 그 결과 경력이 높아져 연봉이 오른다고 생각하는 것이 자연스럽습니다. 이는 나 자신에게도 딱 맞게 들어맞았습니다.

또, 건강도의 변화와 연봉 사이에도 상관관계가 있습니다. 다음의 그래프를 보세요.

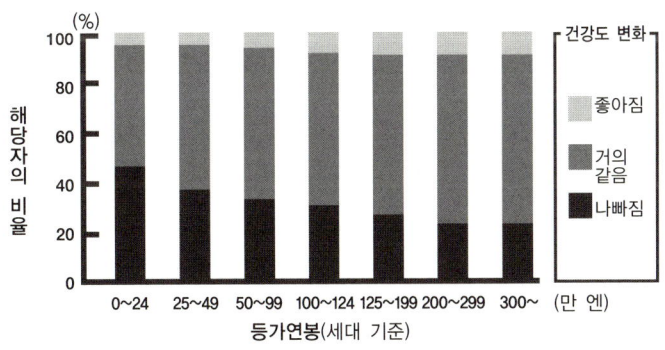

건강도의 변화와 연봉의 관계 – 건강도가 높아질수록 연봉도 높아진다

1년 후에 건강도가 올라 있는 사람은 연봉이 높아지고, 반대로 건강도가 오르지 않은 사람은 연봉이 낮은 경향이 있습니다. 1년이라는 짧은 기간의 건강도 변화에서도 연봉이 오르락내리락하는데, 건강도를 올리려고 노력하며 1년을 보내면 도대체 어떻게 될까요? 생각하는 것만으로 두근두근하지 않나요?

지금까지 수많은 자기계발서에 연봉을 올리는 방법이 소개되었지만, '건강을 챙겨서 연봉을 올리자.' 라는 새로운 인생전략을 제안하고 싶습니다. 지금까지 시험했던 여러 방법으로 좀처럼 연봉이 오르지 않은 분도 관점을 바꿔서 꼭 건강이라는 형태의 자기투자를 생각해보십시오.

반드시 길은 열릴 겁니다.

건강으로 생명까지 얻을 수 있다

건강이 수입뿐만 아니라 수명과도 밀접한 관계가 있다는 조사결과도 있습니다.

다음의 그래프를 보면 건강한 사람일수록 앞으로 사망할 위험도가 낮아진다는 걸 알 수 있습니다. 즉, 건강할수록 무슨 일이 있을 때 생명과 관련된 위험이 적다는 것입니다.

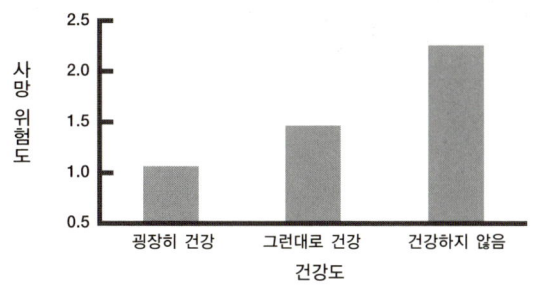

건강할수록 쉽게 죽지 않는다

이것은 생각해보면 굉장한 일입니다. 건강이라는 것은 어디까지나 개인의 주관적인 감각임에도 수명의 지표까지 된다는 말이니까요. 정말로 건강해지면 돈뿐만 아니라 돈으로는 결코 살 수 없는 '생명'까지 얻을 수 있는 것입니다. 이러한 점으로 봐도 건강을 지키는 것이 좋습니다.

그러나 안타깝게도 현재 건강한 사람은 그리 많지 않습니다. 다음의 그래프는 후생노동성이 실시한 국민 건강도 조사결과입니다.

자신의 건강상태에 대해 '좋다'고 생각하는 사람의 비율은 전체의 약 4분의 1에 지나지 않아 '그럭저럭 좋다'고 생각하는 사람과 합쳐도 40% 정도입니다. 게다가 연령대별로 봐도 비즈니스 세

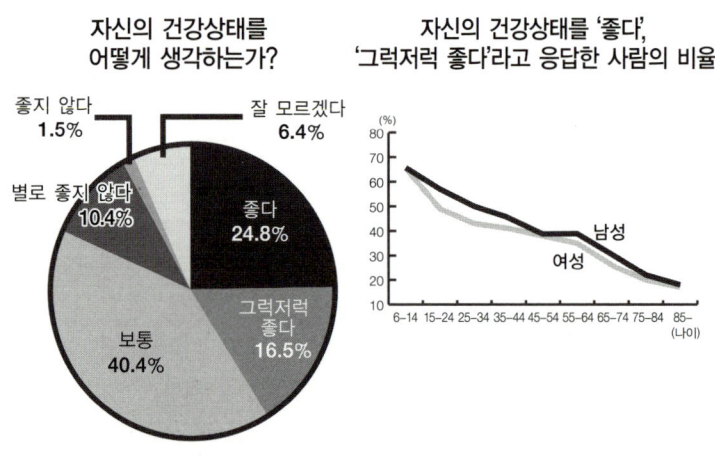

건강도 조사결과(2004년 조사)

대에서는 남녀 모두 50%를 밑돌며 나이를 먹을수록 더욱 낮아집니다.

또한, 아사이 신문이 최근에 실험한 조사를 보면 자신의 건강에 불안을 느끼며 살고 있는 사람이 매우 많은 것을 알 수 있었습니다. 바로 아래의 그래프를 보면 전체의 66%가 자신의 건강에 불안을 느끼고 있다고 합니다.

평소 건강에 좋은 식생활을 하면서도 건강에 불안을 느끼고 있는 사람의 비율이 과반수를 넘는 것은 건강에 신경을 쓰면서도 '지금 하는 식생활이 좋은 건지 자신이 없다.' 혹은 '과연 식사에만 신

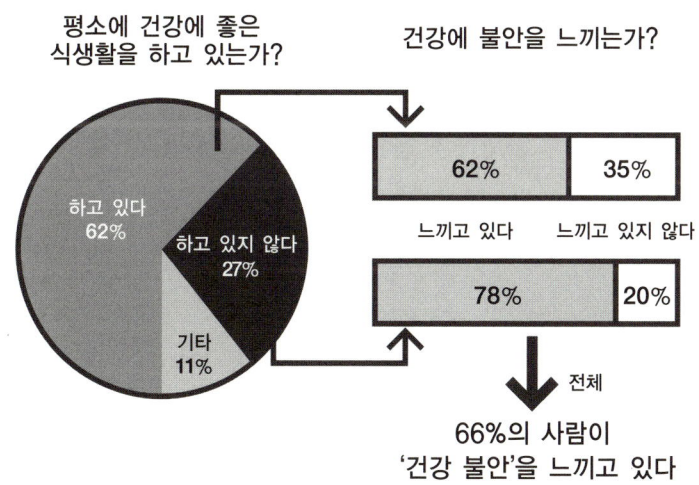

경을 쓰면 되는 걸까?' 등 망설이고 있는 사람이 많다는 것입니다.

건강은 다음의 두 가지 요소로 결정됩니다.

① 실제 심신의 건강상태
② 자신의 심신과 건강법의 신뢰

자신의 건강이 불안하다고 느껴지면 아무래도 ②의 요소가 낮아져 결과적으로 건강할 수 없습니다. 게다가 불안하기 때문에 ①에도 악영향을 끼칩니다. 최근에는 불안이 심장병의 원인이 되기도 한다는 과학적 자료까지 발표되었습니다. 미국에서는 '테러의 불안'으로 심장병이 늘고 있다고 합니다.

불안감 때문에 건강을 잃어버리다니 이 무슨 말도 안 되는 소리입니까? 하지만 이를 긍정적으로 생각해보면, 건강하지 못한 직장인이 불안감을 잘 조절해서 앞으로 건강해진다면 수입도 오르고 인생을 더욱 길고 즐겁게 보낼 수 있게 됩니다.

부자 사원,
가난한 사원의 갈림길

여러분은 병에 걸리면 얼마나 많은 돈이 필요한지 생각해본 적이 있습니까?

대표적인 생활습관병인 당뇨병을 예로 들면, 평균 의료비는 연간 24만 7,000엔(약 346만 원)입니다. 이에 따라 30% 자기부담으로 연간 7만 4,000엔(약 100만 원)의 지출이 늘어납니다(2003년도 의료경제연구기구 조사 '당뇨병 환자의 1인당 의료비'에서).

단, 이것은 어디까지나 당뇨병의 경우입니다. 실제로는 당뇨병에 걸리면 고혈압이나 고지혈증 등 여러 합병증을 앓는 일이 많은데 그렇게 되면 그만큼 의료비가 상승합니다. 또한 사망원인 1위인 암은 연간 의료비가 128만 4,000엔(약 1,800만 원)에 달하는 경우도 있습니다.

물론 보험금이나 고액요양비 제도(1개월 동안 의료기관에서 받은 진료비, 요양비의 본인부담금이 한도액인 2만 1,000엔을 넘어서면 고액요양비로 포함되어 한도를 넘은 금액이 보험조합에서 지원되는 일본의 의료제도 - 옮긴이)로 지원을 받을 수 있을지 모르지만 그래도 상당한 지출이 될 것은 틀림없습니다.

이 항의 제목인 '부자 사원, 가난한 사원의 갈림길'은 그만큼 건강상태에 의해 개인의 경제생활이 크게 변할 가능성이 있다는 것입니다.

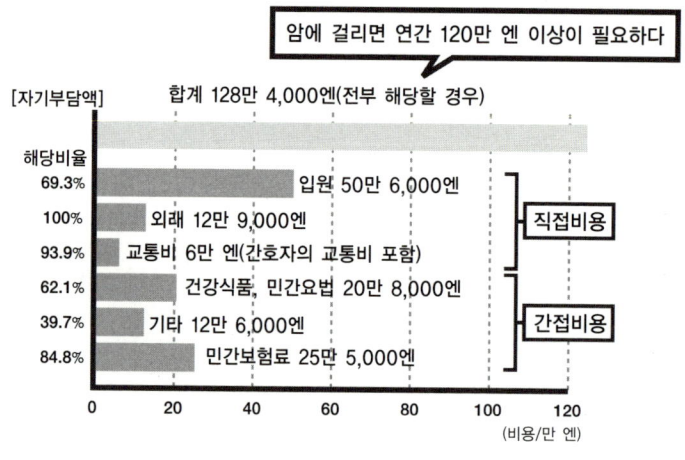

암 치료 시의 연간 자기부담액

암은 생명을 위협해 경제적으로 커다란 부담을 주는 무서운 병인데 아래의 그래프를 살펴보면 생활습관이 암의 원인이라는 것을 알 수 있습니다. 다시 말하면 생활습관을 바꾸는 것으로 암을 예방할 수 있다는 뜻입니다.

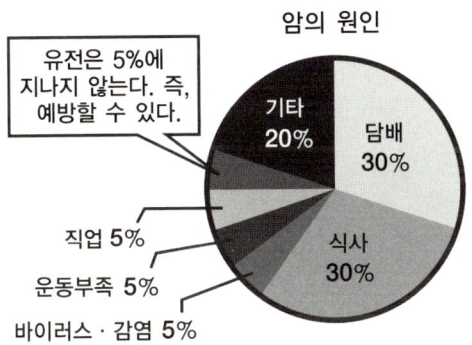

암은 생활습관이 원인이다(미국 하버드 대학 역학조사결과)

사장은 평소에 건강관리를 하는 인재를 채용한다

일본에서는 2008년 4월부터 특정건강검진제도가 시작되었습니다. 이른바 '메타보 검진'이라고 하는 이 제도는 40세부터 74세까지의 피보험자 중에 메타볼릭 증후군(Metabolic Syndrome, 대사증후군, 인슐린저항성 및 다양한 대사 이상에 의해 여러 성인병의 위험요인들이 복합적으로 나타나는 증상 – 옮긴이)과 증후군 기색이 있는 사람을 대상으로 보건지도를 하는 것입니다.

이 제도는 고령화가 진행되고 있는 일본에서 생활습관병의 원인인 메타볼릭 증후군을 감소시켜 날로 치솟는 의료비를 억제하는 것이 목적입니다. 이 제도에는 효력을 발휘하도록 하기 위한 작은 장치가 있습니다.

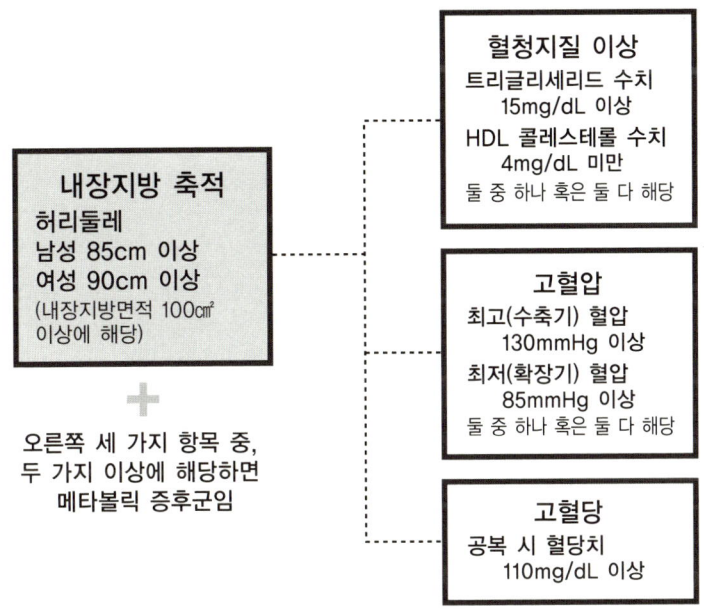

메타볼릭 증후군

　지금까지 건강검진은 시구정촌(일본 행정구역 단위인 시(市), 구(區), 정(町), 촌(村)을 묶어 이르는 말 – 옮긴이)의 행정단체가 주도했지만, 메타보 검진은 보험자, 즉 사업체의 건강보건조합 등이 사원과 피부양자를 대상으로 행하는 것입니다. 그리고 5년 후에는 검진율, 치료율, 개선율을 합산한 성적을 기준으로 건강보험조합단위에서 후기고령자의료제도(2008년 4월부터 시행된 75세 이상의 후기고령자가 가입하는 일본의 공적건강보험제도 – 옮긴이) 부담금이 부과됩니다.

즉, 메타볼릭 증후군인 사원의 수를 줄이지 못하면 회사는 더욱 많은 부담금을 내야 합니다.

회사의 규모에 따라서 수천만~수억 엔 단위의 지출로 이어질 가능성이 있습니다. 이 때문에 경영자들은 전과는 달리 사원들의 건강관리에 무척 신경을 쓰고 있습니다.

그 열기는 경영자들에게 건강 강연을 할 때 확실히 느껴집니다. 강연에서 모두 열심히 정보를 들으며, 강연 후에 직접 이야기를 들어보면 다이어트나 식사조절 등 평소에 건강관리를 하는 사람을 채용한다고 합니다.

그러므로 이런 분이 경영자인 회사에서 무심코 메타볼릭 증후군 사원이 되면 회사생활에 약간의 지장이 생길 가능성이 있을 것입니다. 그렇지만 반대로 건강에 대해 열심히 연구해 메타볼릭 증후군에서 멀어진다면 자신의 건강뿐만 아니라 평가도 오르고 생각지도 못한 기회가 굴러 올지도 모릅니다. 능력이 동등하다면 중요한 일을 맡길 때에 좀 더 건강하고 활동적인 사람에게 맡기고 싶다고 생각하는 게 당연하겠지요.

사원이 건강하면 회사는 3배의 비용을 절감할 수 있다

만약 당신이 회사의 경영자라면(혹은 장래에 경영자를 희망한다면) 꼭 미국 IBM사의 시도를 참고하세요.

IBM사에서는 몇 년 전부터 사원의 건강(건강한 식생활, 운동, 예방 의학 프로그램 참가 등)을 위해 한 사람당 연간 300달러(약 320만 원)를 투자하기로 했습니다.

이를 위해 총 1억 3,000만 달러(약 1,400억 원)의 지출이 증가했습니다. 그러나 결과적으로는 지출한 비용의 3배를 절감할 수 있었습니다. 사원들의 몸이 건강해져 질병이 줄어든 것입니다. 그 후 IBM사에서는 사원의 자녀 건강을 위한 투자까지 시작했다고 합니다.

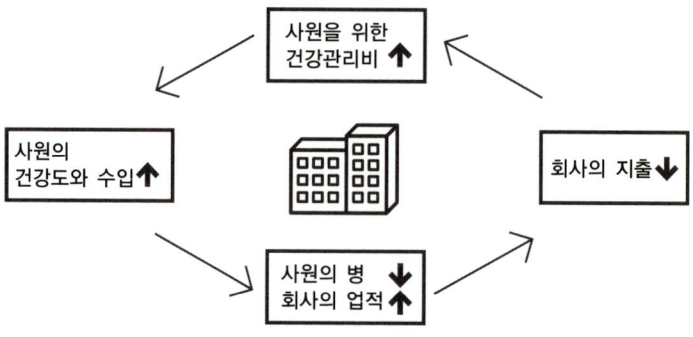

IBM사를 통해 보는 '건강이 보이는 마법의 사이클'

    회사가 사원의 건강관리에 적극적으로 투자하면 사원은 수입이 늘뿐더러 이것이 동기가 되어 적극적으로 건강관리를 하게 됩니다. 그리고 건강도가 올라 업무효율도 더욱 높아지고, 메타볼릭 증후군이나 병이 있는 사원이 줄어 의료비가 들지 않게 됩니다. 그 결과 회사는 총금액 면에서는 오히려 지출을 억제할 수 있습니다. 게다가 사원 가족의 건강관리에도 투자하면 가족의 병이 줄어 지출은 더욱 줄어듭니다. 그야말로 건강이 선물하는 '마법의 사이클'이라 할 수 있습니다.

헬스클럽에
몸을 맡기지 마라

요즘은 건강에 대한 의식이 무척 높아져 건강유지를 위한 지출액도 매년 늘고 있습니다. 일례로 건강관련 식품 구입비는 전국적으로 연간 1조 2,000억 엔(약 18조 원, 2007년 '주간동양경제' 조사결과)에 달합니다. 헬스클럽에 다니는 사람도 늘어 전국적으로 1,700곳이나 되는 헬스클럽에 연간 4,000억 엔(약 6조 원, 동 조사결과)이라는 엄청난 돈이 몰려들고 있습니다.

단, 주의할 점이 있습니다. 구하기 어려운 건강식품도 나름대로 효과가 있고, 헬스클럽에서 운동의 기본을 배우는 것도 중요합니다. 그러나 이것에 너무 의지해서는 안 됩니다. 왜냐하면 거액의 돈을 들인 것에 비하면 대부분 지속하기가 어렵기 때문입니다.

주변에 똑같은 건강식품을 꾸준히 먹는 사람이나 헬스클럽을 꾸준히 다니는 사람이 몇 명이나 있나요? 적어도 내 주변에는 거의 없습니다. 고가의 건강식품을 수개월 동안 먹어도 효과가 없으면 결국 지쳐버립니다. 또 일이 바빠 헬스클럽에 못 가는 일이 많아지면 열기가 식어 무심코 발길을 끊기 십상입니다. 전근을 가게 되면 새로운 곳으로 옮기는 게 귀찮아서 운동하러 다니는 것을 그만두는 사람도 많다고 들었습니다.

건강은 유지할 수 없으면 의미가 없습니다. 그러면 어떻게 하면 좋을까요?

그것은 식사든 운동이든 어떻게든 자신의 힘으로 계속할 수 있는 간단한 비법을 만드는 것입니다. 이 '비법'에 대해서는 4장에서 자세하게 이야기하겠습니다.

당신이 알고 있는
건강 상식을 뒤집어라

'나만의 건강 비법'을 만들 때 건강책을 참고하자는 생각이 들 것입니다. 그러나 잠시 생각해보세요. 건강에 관한 책은 너무나 많이 나와 있습니다. 그리고 그 수만큼이나 다양한 건강법이 있습니다. 그 책들을 사서 '○○식 건강법'을 시험하기 위해 수많은 사람이 엄청난 돈을 출혈하는 것입니다. 나도 예전에는 상당한 금액을 쏟아부었습니다.

그러나 과연 그 책들이 얼마나 도움이 되었나요?

실제로 '정말 이 책을 쓴 사람은 자신이 이런 것을 하고 있는 걸까?' 하는 생각이 들 때가 많습니다.

전에 어떤 책에서 새로운 건강법을 읽고 흥미를 느낀 적이 있었는데, 우연히 목격한 저자가 한눈에 봐도 비만에 가까운 아저씨여서 실망한 적이 있습니다. 또 획기적인 금연책을 쓴 저자가 엄청난 골초였던 것을 알고 충격을 받았던 경험까지 있습니다. 이런 저자들은 머릿속에서 건강법을 만들어내어 책을 썼던 것입니다.

물론 제대로 된 건강책도 많이 있습니다. 그러나 훌륭한 건강책에서 말하는 건강법도 앞서 말한 건강식품이나 헬스클럽과 같습니다. 투자한 돈에 비해 계속하기가 어려운 것이죠.

왜냐하면 그런 책에서 소개한 수많은 건강법에는 무리가 따르기 때문입니다.

훌륭한 건강법을 착실하게 실행하면 이상에 가까운 건강한 몸이 될지도 모릅니다. 그러나 귀찮거나 힘들다는 이유로 몇 번 실행하고 그만둔다면 모처럼 노력했던 의미도 없어져 버립니다. 오히려 자신의 의지력이 약하다는 생각에 한 번의 실패경험이 인생에 마이너스로 작용할 가능성까지 있습니다.

이제 막 건강에 눈을 뜬 상태인데 갑자기 건강이라는 과녁의 한 가운데를 노린다면 당연히 맞추기 어렵겠죠? 이는 골프에서 홀인원을 노리려고 하는 것과 마찬가지입니다.

일단은 가장자리라도 좋으니까 착실하게 과녁을 맞히도록(그린

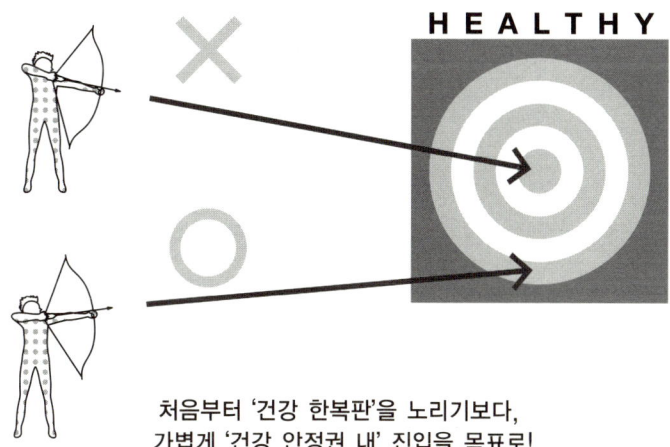

처음부터 '건강 한복판'을 노리기보다,
가볍게 '건강 안정권 내' 진입을 목표로!

건강생활을 시작하는 요령

에 오르도록) 해야 합니다. 즉, 효과가 있고 계속할 수 있는 건강법을 일상생활에서 조금씩 실천해 우선 병에 걸릴 가능성이 낮은 '건강 안정권 내'로 진입하는 것이 선결과제라고 생각합니다. 이렇게 가볍게 건강도를 올려가며 한 단계씩 천천히 밟아가는 것이 좋겠지요?

▶ Chapter 1 정리 summary

1. 건강도가 오르면 연봉도 오르고 수명도 늘어난다.
2. 건강불안을 해결하는 것이 건강도를 올리는 비결이다.
3. 생활습관을 고치면 건강도가 오르고 암까지 예방할 수 있다.
4. 건강은 메타보 검진을 기회로 바꾼다.
5. 건강은 회사에게도 커다란 메리트가 된다.
6. 건강은 간단한 '비법'으로 유지할 수 있다.
7. 손쉽게 '건강 안정권'에 들어가 건강도를 올리자.

Chapter 2

승진을 위한
7가지 건강전략

건강해지기 위한 '전략'을 생각해 볼까요?
먼저 조심해야 할 것이 있습니다. 도중에 미심쩍은 건강정보나 상품에 현혹되어
여태까지 잘 지켜왔던 습관이나 지식에 의심을 품고 다른 길로 빠지지 않도록 주의하세요.

HEALTH HACKS

수상한 건강 사업은
왜 망하지 않을까?

이제 한 가지 생각해보아야 할 것이 있습니다.

왜 수상한 건강 상품은 완전히 없어지지 않는 걸까요?

그것은 무엇이 건강에 좋은지 잘 모르는 사람이 많기 때문입니다. 무엇이 옳은지 모르기 때문에 귀에 착 붙는 이름이나 좋게 들리는 설명에 무심코 넘어가 구입하는 것입니다. 여러분이 무심코 믿는 건강정보는 많이 있습니다. 예를 들면 다음과 같은 것이지요.

- 무조건 마른 게 좋다.
- 적당한 운동은 무리하지 않고 기분 좋게 걷는 것이다.
- 오키나와 사람은 장수한다.

어떻습니까? 모두 어디선가 한 번쯤 들은 적이 있는 것들이 아닌가요?

그러나 이것은 모두 잘못된 정보입니다. 얼핏 보면 맞는 것처럼 보입니다. 그러나 이것들은 건강해지려는 당신에게 굉장히 위험한 오해를 불러일으킬 가능성이 있는 정보입니다.

그 이유를 설명하겠습니다.

착실하게 한 단계 위의 건강을 목표로 하려면 건강에 관한 흔들림 없는 사고방식을 몸에 익혀두는 것이 중요합니다. 이를 위해서 지금까지 출간된 건강책에서는 거의 볼 수 없었던 '건강의 목표'에 대해 이야기하고 싶습니다.

이것은 비즈니스 명저인 『비즈니스 두뇌를 만드는 7개의 프레임워크력』을 예로 들어 생각하면 좋을 것입니다. 비즈니스에서 성공하기 위한 원칙은 건강에도 딱 들어맞습니다. 우리의 좌우명은 '건강유지도 일의 하나'이기 때문입니다.

내 환경에 맞지 않으면 다 소용없다

'메타보' 즉 메타볼릭 증후군이라는 말은 일본에서 자주 들을 수 있습니다. 2006년 유행어 대상에서도 베스트 10위 안에 들었을 정도입니다. 요즈음은 나이가 많건 적건 많은 사람이 메타볼릭 증후군에 걸리는 것을 굉장히 신경 쓰고 있습니다. 메타볼릭 증후군은 여러 가지 생활습관병의 원인이 되므로 주의해야 합니다. 미국에서는 당뇨병 환자가 대부분 메타볼릭 증후군이였다는 등 사회문제가 되었을 정도입니다. 그러나 미국인에게 해당하는 것이 반드시 우리에게 맞는 것은 아닙니다.

실제 당뇨병 환자의 메타볼릭 증후군 비율은 50% 정도입니다.

게다가 도쿄 노인종합연구소가 실시한 조사(지역 고령자를 대상으로 한 장기종단연구)에서 고령자는 메타볼릭 증후군, 즉 비만한 사람보다 오히려 마른 사람(BMI≦20)이 단명한다는 결과가 나왔습니다. 너무 많이 먹어 살이 찌는 것보다 식사량이 적어 저영양(저단백) 상태가 되는 것이 오히려 사망 시기를 앞당기는 것입니다.

BMI(Body Mass Index, 체질량 지수) = 체중(kg) ÷ 키(m) ÷ 키(m)

*BMI=22가 가장 이상적

메타볼릭 증후군을 개선하면 좋은 걸까?

메타볼릭 증후군 대책으로는 생활습관병의 일부만 커버한다.

메타볼릭 증후군인 사람은 당뇨병 환자의 50%다.

고령자에게 나타나는 병의 주원인은 메타볼릭 증후군이 아니다.

고령자는 마른 사람이 비만인 사람보다 의료비도 사망률도 높다.

즉, 모두가 메타볼릭 증후군에 걸리지 않도록 노력해야 하는 건 아니라는 말입니다. 뱃살이 아무리 늘어도 콜레스테롤이나 혈당치, 혈압 등에 전혀 이상이 없는 체질인 사람도 있습니다. 한편 메타볼릭 증후군이 아니어도 암에 걸리기 쉬운 생활습관을 고치지 않고 계속 유지하는 사람도 있습니다. 그러므로 조건이나 환경을 잘 생각해 자신에게 맞는 건강을 추구하는 자세가 중요합니다.

걷기운동은
왜 계속 할 수 없을까?

요즈음 걷기운동이 유행하고 있습니다. 가볍게 운동할 수 있고 즉시 실행에 옮길 수 있기 때문입니다. 그러나 걷기운동을 지속적으로 하고 있는 사람은 의외로 적습니다. 그 이유는 무엇을 위해 걷는지 잘 모르기 때문입니다. 이는 걷기운동에 한정된 것만은 아닙니다.

목적을 가지고 계속하지 않으면 '정말로 몸에 좋은 걸까?' 라든가 '이것을 하면 무엇이 변하는 걸까?' 같은 의문이 불쑥불쑥 떠올라 의욕은 없어지고, 괴로움만 앞서 무심결에 그만두게 됩니다.

따라서 목적에 맞는 운동 방법을 실행하는 것도 무척 중요합니다.

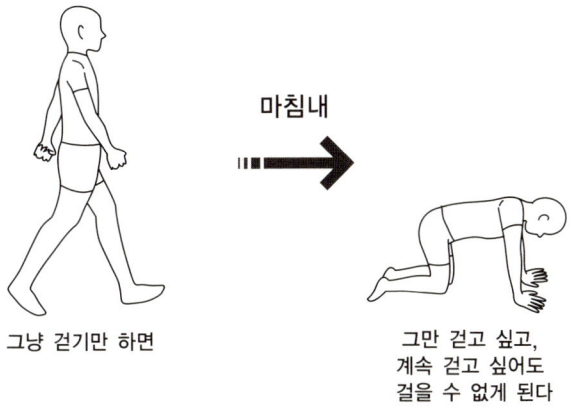

그냥 걷기만 하면　　　　　그만 걷고 싶고,
　　　　　　　　　　　　계속 걷고 싶어도
　　　　　　　　　　　　걸을 수 없게 된다

걷기운동의 진실

　예를 들면 '나이가 들면 하반신이 약해져 걷는 것이 힘들기 때문에 예방 차원에서 걷는다.'라는 중년층이 많지만 정말로 그것이 목적이라면 걷기운동만으로는 부족합니다. 왜냐하면 무리하지 않고 자신의 페이스로 걷기만 해도 결국 근육이 위축되어 걸을 수 없게 되는 경우가 많기 때문입니다.

　사람은 최대근력(근육이 발휘할 수 있는 100%의 힘)에서 20~30% 정도의 힘이 필요한 운동을 하지 않으면 근육량을 유지하기 어렵습니다. 그런데 평소의 걸음걸이로는 고작 15% 이하의 근력밖에 사용하지 않습니다.

　그러므로 근육을 유지하려면 걷기운동과 함께 근육 트레이닝을 해야 합니다. 걷기운동도 가능한 한 보폭을 넓게, 빨리 걷지 않으면 근력 유지 효과는 그다지 기대할 수 없습니다.

또, 다이어트를 위해 걷기운동을 하는 사람도 많은데 천천히 걸으면 칼로리 소비가 적기 때문에 효과가 거의 없습니다. 정말로 살을 빼고 싶다면 너무 운동에만 의지하지 말고 먼저 칼로리 관리를 중점적으로 하는 것이 좋습니다.

이처럼 단지 맹목적으로 행동할 게 아니라, 목적을 가지고 그리고 목적달성을 위해 가장 효과적인 건강법을 선택하세요.

오키나와는 더 이상 장수의 상징이 아니다

　매일 얻는 건강정보 중에서 보다 중요한 사항을 먼저 파악하여 그것을 실행하는 것도 매우 중요합니다. 이를 설명하기 위해 오키나와 주민들의 건강에 관한 분석을 예로 들어보겠습니다.

　우리는 '오키나와 사람들은 장수한다.' 라는 이야기를 자주 듣습니다.
　그래서 가끔 매스컴에서도 그 이유를 조사해 '돼지고기를 먹으면 장수한다.' 같은 그럴싸한 결론을 내리기도 합니다. 그러나 정말 그럴까요? 여기서 묻는 것은 '돼지고기' 가 아니라 '오키나와 사람들은 장수한다.' 에 대해서입니다.

아래의 그래프에 나온 것처럼, 도도부현(都道府縣, 일본의 광역자치단체로 도(都)와 도(道)가 각각 1개씩, 부(府)가 2개, 현(縣)이 43개 있다 - 옮긴이)별로 평균수명을 비교해보면 오키나와 여성의 평균수명은 예전이나 지금이나 1위입니다.

그러나 가장 중요한 것을 잊고 있습니다. 젊은 여성은 오히려 단

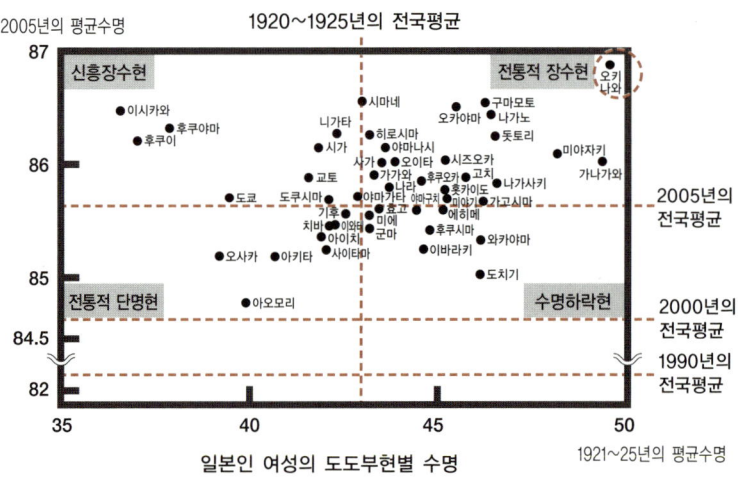

나이	20 - 24	25 - 29	30 - 34	35 - 39	40 - 44	45 - 49	50 - 54
순위	3	41	29	39	43	47	2
나이	55 - 59	60 - 64	65 - 69	70 - 74	75 - 79	80 - 84	85 -
순위	17	5	15	12	3	1	1

오키나와 여성의 연령대에 따른 도도부현 사망률 순위

오키나와 여성의 평균수명은 지금이나 예전이나 1위. 그러나······

명한다는 것입니다. 예를 들면 40대 후반 여성의 사망률은 현재 오키나와가 1위입니다. 이는 오키나와 남성에게도 해당됩니다.

아래의 그래프를 보세요. 고령자만 보았을 때엔 확실히 오키나와 남성도 장수 1위지만 평균수명을 보면 오키나와 남성은 전국평균 이하입니다.

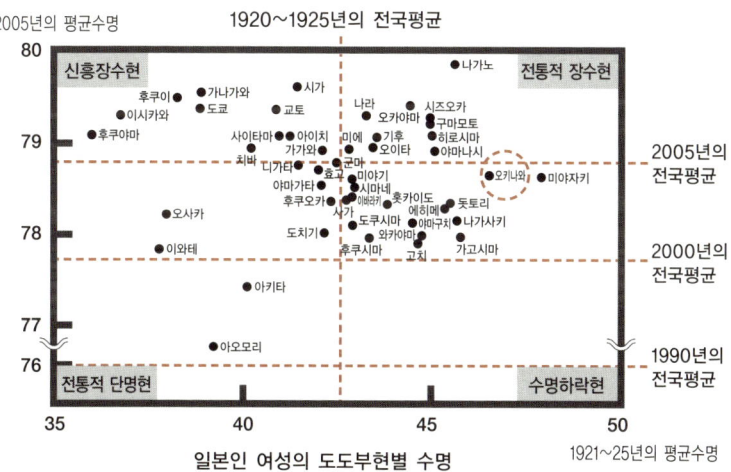

(모든 사인을 포함한 결과. 43~47위=워스트 5)

나이	20 - 24	25 - 29	30 - 34	35 - 39	40 - 44	45 - 49	50 - 54
순위	43	46	45	47	47	46	30
나이	55 - 59	60 - 64	65 - 69	70 - 74	75 - 79	80 - 84	85 -
순위	37	6	17	10	26	1	1

오키나와 여성의 연령대에 따른 도도부현 사망률 순위

오키나와 남성도, 고령자는 장수한다. 그러나……

예전에는 일본 1위의 평균수명을 자랑하던 오키나와 남성도 1995년에 4위로 떨어진 것을 기점으로 2000년에는 전국평균 이하인 26위까지 추락했습니다. 이후에도 변하지 않아 2007년에도 78.64세(25위)로 전국평균(78.79세) 이하입니다. 남성도 비즈니스 세대가 현저하게 단명하기 때문입니다. 30대 후반부터 40대 전반 오키나와 남성의 사망률 역시 전국 1위입니다.

이러한 현상의 원인으로는 오키나와가 철도 없는 미국형 자동차 사회여서 몸을 움직일 기회가 적은 것과, 미국 통치 이후 예전의 일본식에서 지방이 많은 서구식으로 바뀐 속도가 다른 현보다 월등하게 빠른 것을 들 수 있습니다. 예를 들어 오키나와현은 인구 10만 명당 패스트푸드점 개수가 가장 많습니다. 이 때문에 오키나와는 비만도도 1위가 되어 젊은 세대의 생활습관병(당뇨, 심근경색, 뇌경색 등)이 증가한 것입니다.

이상을 근거로 해서 생각해보면 오키나와 여성의 평균수명 하락도 이제 시간문제고, 세계적으로 이름을 떨친 장수현이었던 오키나와도 단기간에 대표적인 단명현이 될 가능성까지 염려됩니다.

오키나와의 예처럼 '오키나와의 고령자는 장수한다.' 보다도 '오키나와의 젊은 세대는 단명한다.'처럼 자신에게 해당하는 사항을 먼저 파악해서 '현재 오키나와의 식사나 생활습관을 무턱대고 흉내 내서는 안 된다.'라는 방식으로 자신의 건강을 위한 결론을 이끌어냅시다.

운동도 혼자하면 외롭다, 윈윈 전략을 써라

건강해지고 싶다고 생각할 때 자신의 건강만 생각할 뿐 다른 사람까지는 생각하지 못할 때가 많습니다. 하지만 막상 혼자서 새로운 생활습관을 시작하면 좀처럼 계속하기 어렵습니다. 그리고 '왜 이 괴로운 걸 나만 참고 해야 하는 거지?'라는 감정에 빠져서 자기도 모르게 원래 생활로 돌아가게 됩니다.

즉, '고독한 건강생활은 실패한다.'라고 생각하세요.

익숙해지지 않은 새로운 생활습관도 주변 사람과 함께 하면 격려도 되고 이해와 협력도 얻을 수 있어 계속할 수 있습니다. 예를 들면 가족 모두가 건강해지는 'Win-Win(윈윈)' 사고로 건강생활을 하기 바랍니다.

　혼자 사는 사람은 친구나 직장 동료도 끌어들여 봅시다. IBM사의 이야기는 회사 전체의 Win-Win을 생각한 건강투자의 좋은 예라고 할 수 있습니다.

　최근에는 남을 도와주거나 남에게 도움이 되는 만큼 사망률이 낮아진다는 흥미로운 과학적 조사결과까지 나왔습니다. 자신뿐만 아니라 타인의 건강까지 생각하면 그만큼 자신도 건강해져 수명이 연장된다는 것입니다.

　나는 권하고 싶은 건강상품이 있으면 꼭 규슈의 처가에 보냅니다. 그러면 처가에서는 밭에서 딴 고야(오키나와현 특산물로 규슈에서도 생산되는 채소 - 옮긴이)나 오이 등 영양이 가득한 채소를 보내옵니다. 친척들과 Win-Win 관계를 형성하고 있는 것입니다.

　여기서 설명하고 싶은 것은 모처럼 가족이 건강한 생활을 하겠다고 결심했는데 나도 모르는 사이에 Win-Win이 아닌 Lose-Lose한(자신도 가족도 불이익을 당하는) 생활을 할 수도 있다는 것입니다.

예를 들면 '아침밥을 굶지 말고 반드시 먹자.'고 정해 매일 아침 흰 빵에 나름대로 칼로리를 신경 쓴다고 마가린을 발라, 스트레이트 커피는 위에 나쁘니까 식물성 지방으로 만든 커피 크리머(Coffee Creamer, 커피에 첨가하는 크림. 일본에서 1970년대에 생크림 대용으로 먹기 시작했으며 식물성 지방과 우유가 주성분임 - 옮긴이)를 넣고, 먹기 쉽고 힘이 나도록 베이컨, 햄 등 가공육을 함께 먹는다면……. 이것은 완전히 Lose-Lose한 식생활입니다.

이는 가족 모두가 매일 노화촉진 단추를 눌러 질병 발생의 지뢰를 계속 밟고 있는 것이나 마찬가지입니다.

흰 빵이나 마가린, 식물성 지방으로 만든 커피 크리머에는 동맥

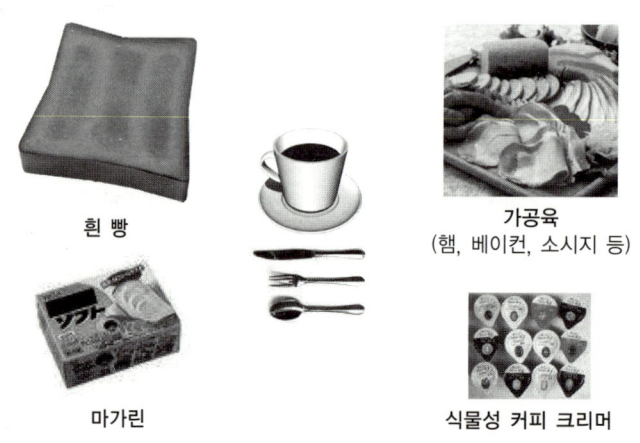

흰 빵
가공육
(햄, 베이컨, 소시지 등)
마가린
식물성 커피 크리머

가장 위험한 식사의 예

경화를 촉진하는 트랜스지방산이 많이 들어 있습니다. 또 가공육은 확실한 대장암 위험인자입니다. 그러므로 이런 것들을 너무 많이 먹는 것은 반드시 피해야 합니다.

이처럼 평소에 무심코 자주 먹는 음식에도 주의가 필요합니다. 매일 아침 이런 음식을 계속 먹느니 아침식사를 아예 하지 않는 편이 좋을 정도입니다.

그러면 어떤 음식을 먹어야 좋은지는 4장에서 자세히 이야기하겠습니다. 꼭 참고로 해서 Win-Win한 식생활을 시작해봅시다.

한때 유행했던 건강법이
오래가지 않는 이유

일본인은 유행에 민감합니다. 그래서 모두가 하고 있으면 따라 하는 경향이 있습니다. 이는 일종의 국민성 같은 것으로 그 경향은 이미 어릴 때부터 나타납니다. 한때 유행했던 루스삭스(Loose Socks, 무릎까지 올려서 약간 헐렁하게 신는 양말)가 좋은 예입니다. 아마 일본의 여학생이라면 대부분 신었던 것으로 기억하고 있습니다.

그러나 유행은 길게 가지 않습니다. 이것은 건강법도 마찬가지입니다.

지금까지 도대체 얼마나 많은 '○○ 건강법'이 세상을 떠들썩하게 했을까요? 그런데 현재 그중에 몇 가지나 남아 있습니까?

얼마 전에는 미국 마초 지도자의 군대식 하드 트레이닝이 유행했는데 그 트레이닝을 지금도 계속하고 있는 사람은 거의 없습니다. 또 아미노산 다이어트도 유행했지만, 지금은 별로 접할 수 없습니다. 아마 효과를 본 사람이 거의 없었던 게 아닐까요?

이처럼 모두 하고 있다는 이유만으로 자기에게 좋은지 안 좋은지조차 모르는 건강법을 실행해도 결국엔 길게 가지 않습니다. 또한 자신감도 사라질 뿐만 아니라 효과도 없고 불안감만 늘어 오히려 건강에서 멀어집니다. 올바른 건강법을 이해하고 실천하지 않으면 건강의 여신은 결코 여러분에게 미소를 짓지 않습니다.

가장 먼저 해야 할 것은 건강에 관한 확실한 지식을 얻는 것입니다. 3장에서 소개할 건강에 대한 지식은 과학적인 사실을 근거로 한 확실한 지혜입니다. 이것을 아느냐에 따라 가까운 장래의 건강 상태가 크게 변한다고 해도 과언이 아닙니다.

칼로리와 염분을 동시에 공략하라

올바른 건강법을 동시에 여러 개 실천하면 그것들이 상승효과를 발휘해 건강도를 크게 올려줍니다.

대표적인 예를 들어볼까요? 비만이 고혈압, 심장병, 뇌졸중뿐만 아니라 수많은 암을 유발하는 원인이라는 것은 전부터 알려졌습니다. 이때 칼로리를 조절해 체중을 관리하는 것만으로 생활습관병에 걸릴 위험을 한번에 없앨 수 있습니다(비만을 고치는 방법은 3장에서 자세히 이야기하겠습니다).

또 과다한 염분 섭취는 고혈압, 심장병, 뇌졸중의 원인이 되고, 위암의 위험인자이기도 하므로 섭취를 줄이면 역시 이 같은 병에 걸릴 위험을 한꺼번에 줄일 수 있습니다.

하루 염분 섭취량은 8g 이하가 가장 좋습니다. 그러나 현대인의 평균 염분 섭취량은 남성이 약 12g, 여성이 약 10g 정도로 과하게 섭취하고 있습니다. 세대별로 봐도 유아기를 제외한 모든 세대에 걸쳐 염분을 과하게 섭취하는 경향이 있습니다.

칼로리 조절과 함께 염분을 줄이면 더욱 효율적으로 생활습관병을 예방할 수 있습니다. 이처럼 효과가 있는 여러 가지 건강습관을 한꺼번에 몸에 익히면 더욱 많은 효과를 기대할 수 있습니다. 바쁜 직장인은 건강법도 업무처럼 전략을 세워 상승효과를 노려봅시다.

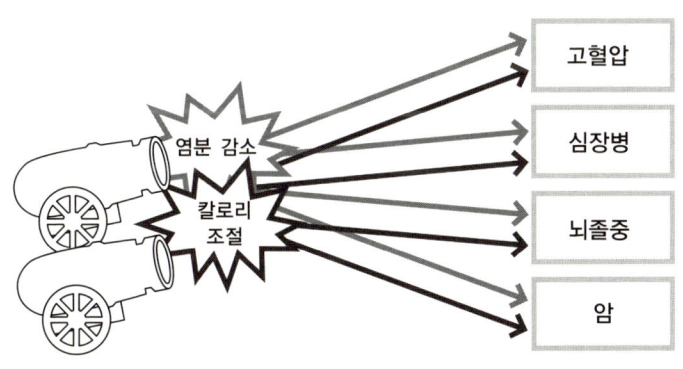

지렛대 효과로 상승효과를 노리자

너무 마른 것은
비만보다 못하다

　기본적인 건강지식을 습득하여 '건강의 길'을 걷기 시작했다면 그동안 알게 된 지식을 응용해봅시다. 그러면 처음엔 단지 주워들었던 지식도 다른 관련지식과 관계가 있다는 사실을 알게 되어, 더 뚜렷하고 견고한 지식이 되고 자신의 건강에 더욱 자신이 생겨 건강도가 쑥쑥 올라갑니다.

　고령자에게는 비만보다 오히려 '마른 것'이 사망률을 높인다는 것을 앞에서 언급했습니다. 그렇다면 여러분과 같은 직장인은 어떨지 궁금하지 않나요? 조사해보면 실은 고령자뿐만 아니라 직장인도 역시 마른 것은 위험하다는 것을 알 수 있습니다.

25세 이상 성인의 체격과 병('암, 심장병, 암과 심장병 이외'의 세 가지로 분류)에 의한 사망과의 관계를 조사한 대규모 연구에 의하면 분명한 비만(BMI≥30)은 암이나 심장병에 의한 사망률을 높이지만, 마른 것(BMI<18.5)은 암과 심장병 이외의 병에 의한 사망률을 3.6% 높인다는 결과가 나왔습니다.

  3.6%라고 하면 그렇게 크게 느껴지지 않을지 모르지만, 의학적이나 통계학적으로는 굉장히 의미 있는 숫자입니다. 이는 만약 도쿄 돔에 5만 명의 직장인이 모였다고 했을 때, 그중 1,800명이 말랐다는 이유만으로 병에 걸린다는 말이 됩니다. 또한 마른 것은 골다공증의 원인도 됩니다. 골다공증 예방의 관점에서는 오히려 어느 정도 적당한 체중이 좋습니다. 메타볼릭 증후군이나 비만만이 나쁜 것처럼 여겨지고 있지만, 반대로 너무 마른 사람도 상당히 신경을 써야 합니다.

  항간에 떠도는 정보를 수동적으로 받아들이기만 한다면 진짜 지식은 쉽게 알 수 없으므로 능동적으로 건강지식의 시야를 넓혀가는 것이 필요합니다. 이 책을 읽는 것은 이미 그 첫걸음이라고 할 수 있습니다.

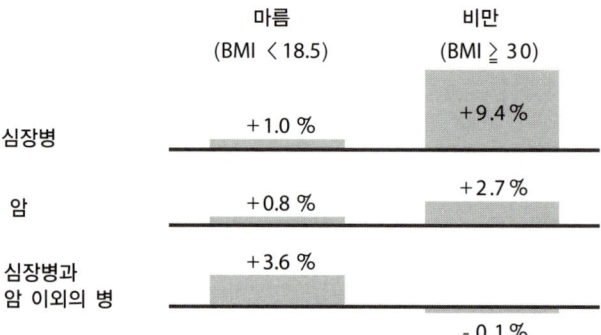

(Flegal KM 외, JAMA 2007에서 일부 수정)

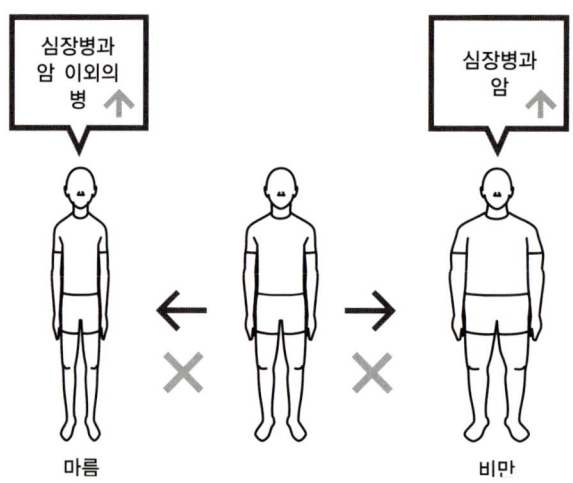

직장인은 너무 말라도 안 된다

Health Up 칼럼

정말 과학적 근거가 있을까?

앞에서 설명한 '건강습관'으로 건강에 대한 논리적 사고를 기르는 것과 동시에 '수평사고(Lateral Thinking)'로 건강에 대해 더욱 새로운 사고방식을 가질 것을 권합니다.

수평사고는 원래 1970년대에 에드워드 드 보노(Edward de Bono)가 새로운 발상을 창안하는 수단으로 만든 것으로 카츠마 카즈요 [勝間和代]의 『비즈니스 사고력』에 소개되어 유명해졌습니다.

수평사고의 기본 기술은 '전제를 의심한다', '보는 방식을 바꾼다', '조합해본다'의 세 가지로 건강에도 응용할 수 있는 훌륭한 사고방식입니다. 이를 건강에 적용하면 다음과 같습니다.

① 건강습관의 전제를 의심하라

몇 번이나 말했지만 수상쩍은 정보는 정말로 많습니다(예를 들면 '아미노산을 마시면 마른다.' 등). 그러므로 처음 듣는 건강지식이나 건강법은 정말로 제대로 된 과학적 근거가 있는지 일단 의심해보세요. 지금까지 몸에 익힌 지식이나 건강법도 과학적 근거를 다시 검토해봅시다.

② 건강에 대한 새로운 사고방식을 도입하라

건강해지는 것을 의무처럼 생각하면 매일 괴로울 뿐입니다. 그보다도 건강해졌을 때의 이익을 생각합시다. 예를 들면 건강해지면 연봉이 상승하는 등 여러 가지 즐거운 일이 기다리고 있습니다. 그것들은 건강습관을 유지하는 커다란 힘이 됩니다.

③ 각각의 건강법을 조합하라

시간관리는 직장인이 건강한 생활 습관을 유지하는 데 플러스 요인이 됩니다. 예를 들면 나는 매일 걷기와 달리기를 하면서 동시에 근육 트레이닝을 하고, 그와 함께 독서나 컴퓨터를 하며, 뇌에 지적 자극을 주고 있습니다(어떻게 하는지는 4장에서 설명하겠습니다). 그 결과 엄청난 시간을 절약할 수 있게 되어 즐겁게 건강습관을 유지하고 있습니다.

이제 건강습관과 수평적 사고방식을 활용하는 데 도움이 되는 확실한 건강지식과 직장인에게 추천하는 '초 건강법'을 소개하겠습니다.

우선 3장에서는 확실한 건강지식을 설명하겠습니다. 분명 '눈이 번쩍 떠지는' 놀라운 경험을 하게 될 것입니다.

▶ **Chapter 2 정리**　　s　u　m　m　a　r　y

1. 자신의 환경과 조건을 잘 생각해 자신만의 목표를 세우자.
2. 목적을 가지고 목적에 맞는 건강법을 실천하자.
3. 건강에 관한 우선사항을 파악하자.
4. Win-Win한 건강습관을 만들자.
5. 확실한 건강지식을 알고 올바른 건강법을 이해하자.
6. 상승효과가 있는 건강법을 행하자.
7. 건강지식을 응용하자.
8. 건강에도 수평적 사고를 도입하자.

Chapter 3

100% 확실한
'눈이 번쩍 떠지는' 건강습관

이 장에서는 건강을 위해 꼭 알아야 하는 지식을 소개하겠습니다. 기본적이고 중요한데도 의외로 모르는 사람이 많으므로 이제 막 건강생활을 시작하는 직장인에게 필독을 권합니다. 이것을 모르고서는 진정한 건강을 얻을 수 없습니다.

과일 속 비타민과 미네랄은 과거의 1/5 수준

지금은 마음만 먹으면 얼마든지 쉽게 칼로리를 섭취할 수 있습니다. 편의점 도시락이나 주위에 널린 식당은 칼로리 섭취에 최적의 환경입니다. 너무 적응한 나머지 과도한 칼로리 섭취를 주의해야 할 정도입니다. 반면 에너지원은 되지 않지만 원활한 대사 촉진에 중요한 비타민과 미네랄은 충분히 섭취하기 어려운 시대가 되었습니다.

이것은 외식을 많이 하는 사람뿐만 아니라 집에서 식사하는 사람도 마찬가지입니다.

왜냐하면 채소나 과일 등의 식품에 포함된 비타민과 미네랄의 양이 예전보다 많이 줄었기 때문입니다. 원인으로는 품종개량이나

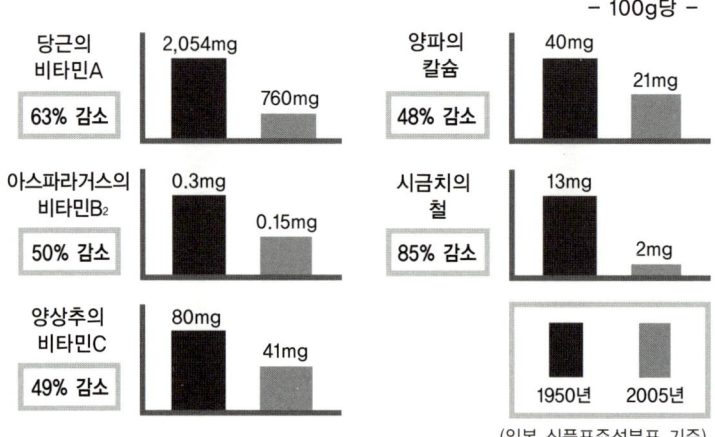

식품에는 예전만큼 비타민과 미네랄이 포함되어 있지 않다

화학비료 사용, 창고의 장기보존 등을 생각할 수 있는데, 그 결과 직장인은 비타민과 미네랄이 부족한 편입니다.

오른쪽의 후생노동성 조사 자료를 보면 직장인은 비타민 B_1, B_6, C, E, 칼슘, 아연, 구리, 철, 마그네슘 등 비타민과 미네랄이 부족하다는 것을 알 수 있습니다.

예를 들면 성인 1명이 하루에 섭취해야 하는 비타민 C의 양은 100mg입니다. 이것은 비타민 C 결핍이 되지 않기 위한 최소 필요량인데, 지금은 의식하지 않으면 100mg조차 섭취하기가 어렵습니다.

오렌지주스를 마시면 비타민 C를 충분히 섭취할 수 있다고 생각

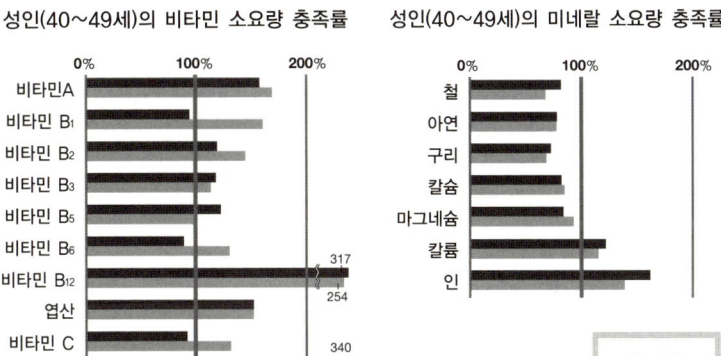

직장인은 비타민과 미네랄이 부족하다

해서는 안 됩니다. 성분표에 비타민 C가 표시되어 있어도 어디까지나 나중에 첨가물로 넣었다는 말입니다. 물론 비타민 C만이라면 문제가 없지만, 그 외의 비타민(B군 등)은 결국 적어진다고 생각하세요.

레몬도 비타민 C가 풍부하다고 알려졌습니다. 분명히 25년 전에 만들어진 일본식품표준성분표(4개정판)에는 레몬 1개당 100mg 정도의 비타민 C가 포함되어 있다고 되어 있습니다. 그러나 현재 시판되고 있는 레몬의 비타민 C 함유량은 5분의 1 이하까지 떨어져 있습니다. 즉 레몬만으로 비타민 C의 하루 필요량을 섭취하려면 5개 이상이나 필요합니다.

비타민·미네랄의 작용

		주요 작용과 결핍증	많이 포함된 식품
비타민	비타민 B₁ (티아민)	탄수화물 대사 보조, 신경 기능 유지 [결핍증] 각기병, 베르니케 코르사코프 증후군(Wernicke-Korsacoff Syndrome, 기명력 저하, 건망증 등)	녹황색 채소, 쌀겨, 통밀가루, 돼지고기, 맥주 효모, 달걀, 생선
	비타민 B₆ (피리독신 Pyridoxine)	단백질 합성·분해 보조 [결핍증] 경련, 빈혈, 피부염, 설염	밀 씨눈, 등푸른생선, 콩, 달걀, 김
	비타민 C (아스코르브산 Ascorbic Acid)	항산화작용, 콜라겐 생성 촉진, 멜라닌 생성 억제 [결핍증] 괴혈병(체내의 여러 곳에서 출혈)	녹황색 채소, 감귤류, 토마토, 피망
	비타민 E	항산화작용, 항혈전작용, 호르몬 분비 조절 [결핍증] 빈혈, 여러 신경 증상	밀 씨눈, 올리브유 등의 식물성 기름, 아몬드 등의 종실류, 장어
미네랄	칼슘	뼈와 이 형성, 여러 효소 활성화와 작용 조절, 근육 수축에 관여 [결핍증] 골연화증(성인의 골변형), 구루병(소아의 골변형)	유제품, 콩 제품, 정어리 등의 어패류, 소송채 등의 녹황색 채소
	마그네슘	뼈와 이 형성, 여러 효소의 작용 보조, 뇌의 기능 유지 [결핍증] 뼈와 이의 형성 이상, 정신증상	현미, 콩 제품, 아몬드 등의 종실류
	철	적혈구와 근육, 여러 효소의 재료 [결핍증] 빈혈, 구각염, 연하(嚥下) 장애	돼지고기, 소고기, 간, 대합, 모시조개, 빙어 등의 어패류, 콩 제품, 녹미채
	아연	혀와 피부 유지, 생식선의 발육·기능 보존 [결핍증] 미각 이상, 피부염, 생식기능 장애	굴, 간, 소고기, 돼지고기, 밀 씨눈, 낫토
	구리	여러 단백질과 효소의 합성 보조 [결핍증] 빈혈, 부정맥, 신경장애	새우, 말린 오징어, 간, 깨 등의 종실류

# 도시인이
더 장수한다

건강을 유지하려면 뭐니뭐니해도 오래 사는 사람들의 생활을 연구한 결과가 많이 참고됩니다.

2장에서 각 도도부현별 수명을 소개했습니다만 더욱 자세하게 시구정촌별 수명을 보면 무척 흥미로운 경향이 있다는 걸 알 수 있습니다.

다음 페이지의 표에 전국의 장수하는 시구정촌 1~5위를 남녀별로 표시했습니다.

남성		여성	
[1위] 요코하마시 아오바구(青葉区)	81.7세	[1위] 오키나와현 기타나카구스쿠무라(北中城村)	89.3세
[2위] 가와사키시 아사오구(麻生区)	81.7세	[2위] 효고현 이나가와초(猪名川町)	88.7세
[3위] 도쿄도 미타카시(三鷹市)	81.4세	[3위] 나가노현 다카모리마치(高森町)	88.5세
[4위] 도쿄도 고쿠분지시(国分寺市)	81.4세	[4위] 오키나와현 도미구스쿠시(豊見城市)	88.5세
[5위] 도쿄도 네리마구(練馬区)	81.2세	[5위] 오키나와현 난조시(南城市)	88.3세

장수하는 시구정촌

이것을 보면 남성은 비교적 '도시'에 사는 사람이 장수한다는 것을 알 수 있습니다.

도시 지역은 공공설비가 잘 되어 있어 의료기관이 충분합니다. 그리고 도시의 장수자들은 지인이 많고 가족을 소중히 여기며 사는 사람이 많은 듯합니다. 지역사회가 장수에 깊은 영향을 끼치는 요인 중 하나라는 것은 많이 알려졌는데 이러한 경향은 결코 우연이 아닙니다.

남성의 경우 직장을 다니며 쌓아왔던 사회생활의 기반이 은퇴 후에 타인이나 지역사회와 좋은 관계를 맺고 유지하는 데 도움이 되는 게 아닐까요?

한편 여성은 '시골'에 사는 사람이 장수하는 경향이 있습니다. 이는 사회진출이 적었던 고령자 여성들이 예부터 살던 시골에서 관계를 유지하기 쉽다는 것을 반영하고 있다고 생각됩니다. 따라서 여성의 사회진출이 점점 늘어날 미래에는 여성의 장수지역도 도시로 변할지도 모릅니다.

이처럼 적극적으로 사회나 타인과 교류하고 좋은 관계를 쌓아나가는 것이 건강유지와 장수의 조건인 것은 남녀 모두 마찬가지입니다. 단, 기혼자의 경우 남성이 부인을 먼저 잃으면 수명이 짧아진다는 것이 알려졌지만 남편이 먼저 사망한 여성은 그렇지 않습니다. 어쩌면 여성이 보다 '독립적인 생활'이 가능한지도 모르겠습니다.

당신이 몰랐던
장수의 3대 요건

앞에서 장수하는 사람과 외부와의 관계에 대해 생각해보았는데 이번엔 장수하는 사람의 내적 조건에 대해 생각해봅시다. 오래 사는 사람들의 몸에는 어떠한 특징이 있을까요?

미국 국립노화연구소(NIA) 조지 로스 박사팀은 장수자에게 어떤 신체적 특징이 있는지 명확하게 알기 위해 '볼티모어 노화연구(BLSA)' 참가자 716명을 조사했습니다. 이 조사에서 다음과 같은 세 가지 공통점을 발견할 수 있었습니다.

① 저체온이다.

② 혈중 인슐린 농도가 낮다.

③ 혈중 DHEA-s 농도가 높다.

체내의 대사가 너무 활발하면 수명이 짧아진다는 것은 여러 연구결과로 알려졌습니다. ①의 저체온은 몸의 과도한 대사가 억제된 '에너지 절약 모드' 상태라는 것을 나타내고 있습니다. 그리고 이것은 ②의 낮은 혈중 인슐린 농도가 크게 관여하고 있을 가능성이 있습니다. 인슐린은 혈당치를 낮추는 중요한 호르몬입니다. 혈당치가 올라 인슐린이 필요해지면 그만큼 대사가 활발해집니다.

반대로 혈중 인슐린 농도를 낮은 상태로 유지할 수 있으면 그만큼 대사가 억제되어 과다한 에너지 생산이 제한되고 결과적으로 체온이 낮아집니다. 최근에는 몸을 구성하는 각각의 세포에 인슐린이 더 많이 작용할수록 '수명 스위치'가 눌러져 수명이 줄어든다는 사실이 알려졌습니다. 그리고 혈중 인슐린 농도를 낮게 유지하기 위해 가능한 한 세포에 인슐린 자극을 줄이면 장수에 관한 유전자가 작용함과 동시에 유지되어 장수로 이어질 가능성이 있는 것이 분명해졌습니다.

③의 DHEA-s는 디하이드로에피안드로스테론(Dehydroe-piandrosterone)의 약어로 부신이라는 장기에서 만들어지는 호르몬입니다. DHEA-s는 근육과 뼈 등 골격계 유지와 체지방 감소, 면역기능과 기억력 유지에 관여한다고 알려졌으며, 몸의 '젊음'을 유지해주는 굉장히 중요한 호르몬입니다.

혈중 DHEA-s 농도는 나이가 들수록 저하하는 경향이 있지만, 조사결과에는 개인차가 있습니다. 그리고 혈중 DHEA-s 농도가 높게 유지될수록 장수하는 경향이 있었습니다. 이것은 구루메 대학병원의 연구팀이 혈중 DHEA-s 농도를 측정한 20~80세의 남녀 940명을 27년간 추적 조사한 결과와도 일치합니다.

$$장수 = 저체온 + 저\ 인슐린 + 고\ DHEA\text{-}s$$

장수의 방정식

이상으로 건강을 유지해 장수하려면 저체온, 저 인슐린, 고 DHEA-s의 세 가지를 갖추어야 한다는 걸 알 수 있습니다.

그러면 '장수의 방정식'을 몸에 익히기 위한 좋은 방법이 있을까요?

가장 좋은 방법은 칼로리 제한(칼로리 리스트릭션=Calorie Restriction: CR)입니다. 미국 위스콘신 대학에서는 '평상시보다 70% 정도 낮은 칼로리의 먹이로 곤충과 쥐를 사육하면 수명이 약 1.5배나 늘어난다.'는 가정 하에 인간과 가장 가깝다고 여겨지는 붉은털원숭이를 이용하여 짧게는 15년, 길게는 20년간 수명과 건강상태를 비교 관찰했습니다.

그 결과 칼로리를 제한한 원숭이는 일반적인 식사로 사육된 원숭이에 비해 무척 젊고 건강해 병에 잘 걸리지 않을 뿐 아니라, 장수자와 같은 '저체온+저 인슐린+고 DHEA-s' 현상을 보였습니다. 칼로리를 제한하면 인슐린에 의한 세포 자극이 줄어드는 것과 함께 시르투인(Sirtuin)이라는 유전자 발현에 중요한 효소가 활성화되고, 장수 유전자가 작동·유지되어 결과적으로 수명이 늘어난다고 보고 있습니다.

물론 칼로리 제한으로 사람의 수명연장 효과를 추시하는 것은 어려우므로 정말로 칼로리 제한 때문에 수명이 연장되는지는 아직 모릅니다. 그러나 현재 과학계에서는 칼로리 제한이 건강유지와 장수에 가장 유력한 방법이라고 생각하고 있습니다.

통상적인 칼로리로 사육된 원숭이(오른쪽)에 비해 같은 시기에 태어나서 70%의 칼로리로 사육된 원숭이(왼쪽)는 등 근육이 똑바르고 외관도 젊다(미국 위스콘신 대학의 붉은털원숭이 연구).

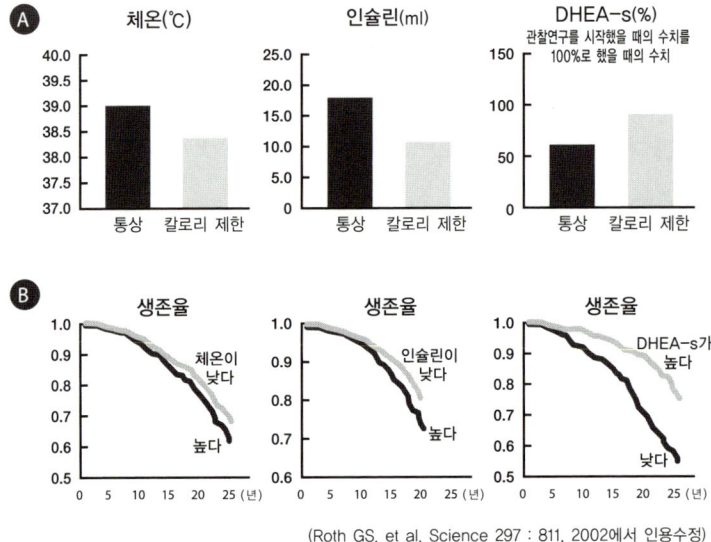

(Roth GS, et al. Science 297 : 811, 2002에서 인용수정)

칼로리를 제한한 붉은털원숭이 데이터(A)와 미국 장수자의 조사결과(B). 저체온에 혈중 인슐린 농도가 낮고, DHEA-s 농도가 높다는 세 가지 공통점이 나타났다.

따라서 과식은 꼭 피하고 너무 많은 칼로리 섭취는 삼가야 합니다. 단, 2장에서 언급한 것처럼 너무 마르면 오히려 병에 걸려 단명할 수 있으므로 칼로리를 너무 제한하는 것은 좋지 않습니다.

매일 의식해서 배를 70~80% 정도만 채우는 식사를 하는 정도가 딱 좋습니다. 그리고 섭취 칼로리를 줄이면서도 의식해서 단백질을 섭취하고, 근육 트레이닝으로 근육량을 유지해 BMI를 20 이하로 떨어지지 않게 하는 것이 좋습니다.

구체적인 단백질 섭취법과 근육 트레이닝법은 4장을 참고하세요.

프렌치 패러독스로 칼로리를 정복하라

앞에서 칼로리 제한이 수명을 늘린다는 이야기를 했는데 그 외에도 '조금 더 쉽게 수명을 늘릴 수는 없을까?' 라는 생각이 들수도 있을 것입니다. 그래서 최근에 주목받고 있는 것이 와인에 많이 포함된 레스베라트롤(Resveratrol)이라는 폴리페놀(Polyphenol)입니다.

프랑스인은 지방 섭취량이 많은데도 다른 유럽인들에 비해 심근경색에 의한 사망률이 낮아(이 현상을 '프렌치 패러독스' 라고 부릅니다) 그 이유가 활발히 연구되었습니다.

'프랑스인은 와인을 잘 마시므로 와인 안에 무언가 몸에 좋은 성분이 있는 게 아닐까?' 라는 생각으로 탄생한 것이 와인 폴리페놀

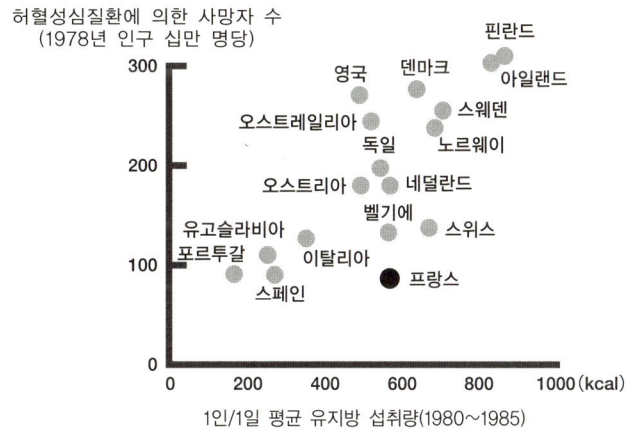

프렌치 패러독스

입니다.

폴리페놀은 여러 가지 물질의 총칭이지만, 최근에는 와인에 들어 있는 폴리페놀 중에서도 레스베라트롤이라는 포도 껍질에 포함된 보라색 색소가 가장 중요한 역할을 하고 있을 가능성이 알려졌습니다.

하버드 의대 데이비드 싱클레어 박사는 쥐에게 레스베라트롤을 먹이와 함께 계속 투여한 결과 고칼로리의 먹이를 주었음에도 통상적인 칼로리의 먹이를 주었던 쥐와 같은 정도로 오래 살았다는 결과를 발표했습니다.

 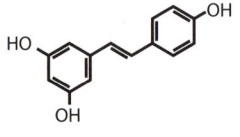

레스베라트롤의 화학 구조

그 메커니즘은 칼로리 제한처럼 레스베라트롤이 체내 세포의 인슐린 감수성을 높여 인슐린 분비를 적게 하고, 시르투인을 활성화해 장수 유전자를 작동시켰기 때문이라고 생각됩니다.

레스베라트롤은 와인뿐만 아니라 껍질째 먹을 수 있는 포도, 건포도, 포도주스, 아몬드 껍질 등에도 있어 술을 못 마셔도 충분히 섭취할 수 있습니다.

단, 하버드 대학의 쥐 실험에서 나타난 레스베라트롤의 충분한 효과를 인간에게 기대하려면 100잔 분량의 와인을 매일 마셔야 하므로 일반적인 식품에 들어 있는 분량으로는 효과를 얻기 어렵습니다.

그래도 레스베라트롤 같은 폴리페놀은 항산화물질로서도 우리 몸에 좋으므로(구체적인 내용은 4장에서) 조금이라도 섭취하는 것이 건강에 좋습니다.

최근에 미국 국립노화연구소의 파라펠 르 카보 박사팀과 하버드 의대 데이비드 싱클레어 박사팀이 공동으로 레스베라트롤보다 1,000배의 작용을 하는 'SRT1720'이라는 물질을 개발했는데 이러한 최신 물질을 이용한 꿈같은 건강법이 등장하는 것도 그렇게 먼 미래의 이야기만은 아닐 것입니다.

혈당 조절과 체중감량을 동시에 할 수 있는 저탄수화물 다이어트

칼로리 제한과 레스베라트롤 섭취처럼 혈중 인슐린 농도의 상승을 막아 인슐린이 수명 스위치를 누르는 것을 억제하는 방법은 또 있습니다.

그것은 GI 지수를 생각하며 식사하는 것입니다.

GI(Glycemic Index)는 특정 식품을 먹은 뒤 혈당치가 올라가는 속도를 나타내는 수치입니다.

당분 자체인 포도당을 섭취한 후의 혈당치 상승률을 100으로 보고 여러 식품을 섭취했을 때의 혈당 상승률이 상대적인 수치로 표시됩니다.

즉, 식후 바로 혈당치를 올리는 식품일수록 GI 지수가 높은 식품입니다.

GI 지수가 높은 식품의 대표적인 예를 아래의 표에 제시했습니다. 표에서 알 수 있듯이 탄수화물이 많은 식품일수록 대체로 GI 지수가 높습니다. GI 지수가 높은 식품을 공복에 갑자기 먹으면 혈당치가 급격히 상승해 인슐린이 수명 스위치를 계속 누르니 그렇게 되지 않도록 해야 합니다.

즉, 음식을 먹는 순서에도 신경을 쓰는 것이 좋습니다.

GI 지수	식품
111 이상	구운 감자, 센베이
101~110	흰 빵, 떡, 호박, 도넛
91~100	통밀가루 빵, 프랑스 빵, 크루아상
81~90	백미, 버터 롤, 머핀, 바나나, 아이스크림
71~80	현미, 핫케이크, 당근
61~70	고구마, 토란
51~60	우동, 메밀국수, 스파게티

GI 지수가 높은 식품 ↑

짧은 시간에 혈당치가 오르는 식품은 먹을 때 주의해야 한다

아래와 같은 순서대로 식사하면 급격한 혈당 상승을 억제할 수 있습니다.

① 처음에 채소, 콩, 버섯류 등 섬유질이 풍부한 식품 중심으로 먹고,
② 다음으로 GI 지수가 그다지 높지 않은 단백질 중심의 식품을 먹고,
③ 마지막에 GI 지수가 높은 탄수화물이 많이 든 식품을 먹는다.

이런 순서로 먹으면 당분이 천천히 흡수되어 혈당이 급격히 상승하지 않고 결과적으로 인슐린의 과잉분비를 막을 수 있습니다. 식물섬유에는 다른 식품의 GI 지수를 내리는 효과가 있습니다.

'먼저 반찬만 먹고, 마지막에 밥만 먹을 순 없을까?' 라는 생각이 들 정도로 ①~③의 순서를 지켜서 먹는 것이 자신을 소중히 여기는 현명한 식사법입니다.

「New England Journal of Medicine」이라는 일류 국제 의학지에 비만한 성인(평균 BMI=31)을 대상으로 한 연구에서 저탄수화

물 식사와 채소와 어패류를 먹는 지중해식(혈당치의 상승이 완만함)이 저지방식(그만큼 탄수화물을 많이 섭취)보다 건강 면에서 훌륭하다는 결과가 발표되었습니다. 이 연구에 의하면 저탄수화물 그룹은 특별히 섭취 칼로리를 제한하지 않았는데도 가장 다이어트 효과가 있었다고 합니다. 또, 혈중 인슐린 농도의 저하도 저탄수화물 그룹에서 가장 현저했습니다(단, 당뇨병이 있는 사람에게는 지중해식).

이 연구에 사용된 저탄수화물 섭취법은 애킨스(Atkins)법이라는 다이어트법(소위 '황제 다이어트'로 알려진, 탄수화물의 섭취를 금하고 단백질을 많이 섭취하는 식이요법 – 옮긴이)인데, 처음 2개월 동안은 하루 탄수화물 섭취량을 20g으로 줄여 체중을 줄인 뒤에 서서히 섭취량을 늘려(최대 120g) 줄어든 체중을 유지하는 방법입니다. 실험 결과 저탄수화물 그룹의 체중은 평균 5.5kg이 감량되었다고 보고되었습니다(지중해식은 4.6kg, 저지방식은 3.3kg).

이처럼 먹는 내용과 순서를 생각해 GI 지수를 낮추는 식생활을 하면 건강을 유지할 수 있습니다. 아사히 신문의 조사(2008년 7월 28일)에 의하면 여성이 건강을 위해 그만두고 싶다고 생각하면서도 그만두지 못하는 음식 1위는 '단 음식(44%)'이라고 합니다. 그러므로 여성은 꼭 GI 지수를 낮추도록 노력하면서 단 음식을 즐기세요. 물론 남성도 남의 일만은 아닙니다. 현재 직장인의 비만 경향이 한층 강해지고 있으므로 역시 저탄수화물로 GI 지수가 낮은 식사로 바꾸세요.

그리고 저탄수화물 다이어트를 할 때 너무 급격한 체중 감량은 오히려 건강을 해칠 가능성이 있습니다. 저탄수화물 다이어트를 한다면 너무 심하게 하지 않기를 권합니다.

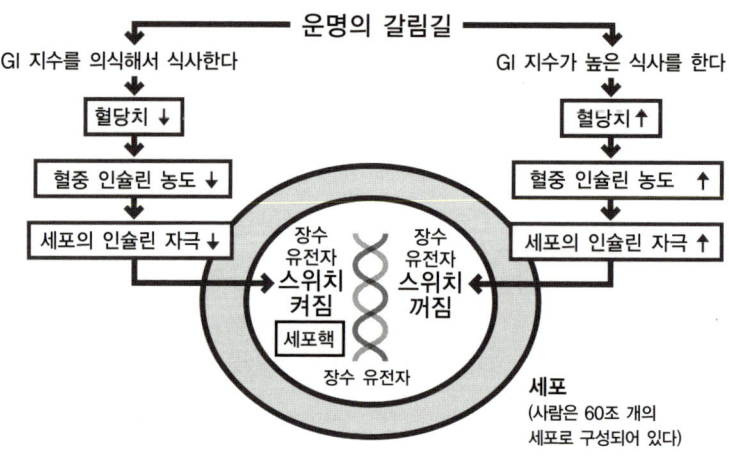

체중 감량이
승진에 미치는 영향

비만이 정말 무서운 이유는 당뇨병과 고혈압, 심장병의 원인일 뿐만 아니라 강력한 암 유발인자이기 때문입니다. 비만은 이미 식도암, 췌장암, 위암, 유방암, 대장암, 자궁암 등의 확실한 위험인자로 인정되고 있습니다. 간암이나 담낭(쓸개)암, 악성 림프종 등의 확실한 원인이기도 합니다. 그러면 왜 비만이 암의 원인이 되는 걸까요?

그것은 '에피제네틱스(Epigenetics)'라는 메커니즘 때문입니다. 에피제네틱스라는 것은 태어난 뒤 많은 원인에 의해 유전자의 발현이 변화하는 현상으로 유전자 주위의 여러 화학반응에 의해 일어납니다. 에페제네틱스는 우리 몸의 형성에 굉장히 중요한 작용을 합니다. 같은 유전자를 가진 60조 개의 세포가 여러 장기조직을 만들 수 있는 이유는 모든 유전자 안에서 작동하는 유전자 조합이 에페제네틱스에 의해 세포마다 변하기 때문입니다.

에페제네틱스는 태어난 뒤의 성격과 행동까지 형성하는 것으로 알려졌습니다. 예를 들면 어미 쥐가 새끼 쥐의 등을 핥아주는 것은 애정표현의 하나인데(인간으로 말하면 자식을 안고 쓰다듬어 주는 것 같은), 이 애정표현을 못 받고 자란 쥐는 무언가 새로운 것에 맞닥뜨리면 공포심을 느끼고 먹이를 잘 먹지 못합니다. 이는 극히 짧은 기간(1주간)에 등을 핥아주지 않아 유전자의 에피제네틱스가 일어나지 않았기 때문입니다.

또 저체중으로 태어난 아이가 살아가면서 비만이 되기 쉬운 이유도 엄마 뱃속에 있을 때 에피제네틱스가 일어났기 때문입니다. 즉, 적은 에너지 소비량으로 살아남기 위한 '검약 유전자'가 작동해 에너지 소비율이 저하되기(즉, 연비가 좋아지기) 때문이라고 생각되고 있습니다.

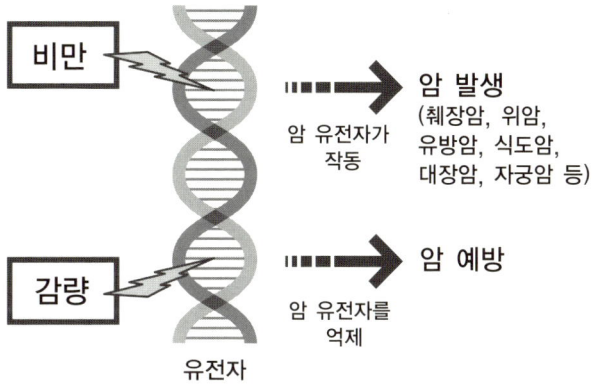

에피제네틱스를 의식하자

　이처럼 우리 생활에 매우 큰 영향을 끼치는 에피제네틱스는 비만에 의해서도 일어나고 그 결과 암 유전자가 작동하게 됩니다. 한편 칼로리를 제한해서 일어나는 에피제네틱스는 암 유전자의 발현을 억제해줍니다.

　또 다이어트를 할 때 칼로리 제한과 함께 유산소 운동을 하면 좋은데 운동에도 암을 억제하는 효과가 있다고 합니다. 현재 주요한 사망원인 중 하나인 대장암은 운동으로 확실히 예방됩니다. 게다가 유방암 예방효과도 거의 확실하므로 여성에게는 좋은 소식입니다. 이들 운동의 암 예방효과 역시 에페제네틱스에 의한 것입니다.

이상과 같이 체중 증감은 에피제네틱스를 유도해 우리의 인생을 좌우한다는 것이 과학적으로 증명되었습니다. 그러므로 식사와 운동을 잘 조합한 다이어트로 몸에 좋은 에피제네틱스를 유도해 암을 예방하고 밝은 미래를 가꾸어갑시다.

하루 소비 칼로리를 계산하는 것만으로 체중은 변한다

앞에서 체중 증감에 따른 유전자 발현의 변화 때문에 병이 생긴다는 것과 그에 따른 예방법을 이야기했습니다. 만약 하루 소비 칼로리가 섭취 칼로리와 같으면 체중은 변하지 않을 것이고, 소비 칼로리가 섭취 칼로리보다 많으면 반드시 체중이 줄 것입니다.

$$A + B = C \rightarrow 체중 유지$$
$$A + B > C \rightarrow 체중 감소$$
$$A + B < C \rightarrow 체중 증가$$

A = 기본 소비 칼로리
B = 평소보다 많은 신체동작이나 운동으로 인한 소비 칼로리
C = 식품으로부터 섭취한 칼로리

체중의 메커니즘

하루 소비 칼로리는 연령이나 성별, 직업에 따라 다르지만 걷거나 운동하는 것으로 변합니다. 섭취 칼로리도 그날에 섭취한 식품의 내용(술 포함)에 따라 변합니다.

따라서 비만을 예방하거나 다이어트를 하기 위해서는 우선 자신의 나이, 성별, 직업 등으로 산출한 기본적인 하루 소비 칼로리를 안 후 동작이나 운동에 의한 소비 칼로리와 매일 섭취하는 식품에 포함된 칼로리를 파악하는 것이 중요합니다. 다이어트에 왕도는 없다고 하지요? 섭취 칼로리가 소비 칼로리보다 많아 살찌지 않기 위해 꼭 칼로리 계산을 하세요.

그럼 일단 여러분의 직업, 나이, 성별에서 추정한 기본적인 소비 칼로리의 양을 오른쪽 위의 표에서 선택하세요.

다음으로 대표적인 동작이나 운동에 의한 소비 칼로리가 나온 오른쪽 아래의 표를 보고 자신에게 해당하는 수치를 체크하세요. 평소보다 더 많은 칼로리를 소비하는 행동이나 운동을 하면 그만큼의 칼로리를 하루 소비 칼로리에 더해야 하기 때문입니다.

운동의 내용이나 지속시간, 성별, 체중 등을 입력하면 소비 칼로

하루 추정 기본 소비 칼로리

(후생노동성 '일본인의 식사섭취 기준' 2005년 판에서)

신체활동 레벨	남성			여성		
	I	II	III	I	II	III
18~29세	2300	2650	3050	1750	2050	2350
30~49세	2250	2650	3050	1700	2000	2300
50~69세	2050	2400	2750	1650	1950	2200
70세 이상	1600	1850	2100	1350	1550	1750

신체활동 레벨

I. (낮다) : 온종일 앉아서 생활하고 정적인 활동 중심의 경우
II. (보통) : 대부분 앉아서 생활하지만 직장 내에서 이동과 서서 하는 작업·접객 등 혹은 통근, 쇼핑, 가사, 가벼운 운동 중 하나를 포함한 경우
III. (높다) : 이동이나 서 있을 때가 많은 일 종사자. 혹은 스포츠 등 활발한 운동습관이 있는 경우

주요한 신체동작이나 운동에 의한 소비 칼로리 양

(단위 : kcal)

		체중			
		50kg	60kg	70kg	80kg
천천히 걷기	30분	65	80	90	105
보통 걷기	30분	80	95	110	125
빨리 걷기	30분	100	120	140	160
자전거(보통)	30분	105	125	145	170
전철에서 서 있기	30분	55	65	75	85
계단 올라가기/내려가기	10분	70/25	85/30	100/35	110/40
근육 트레이닝(경~중등급)	10분	25	30	35	40
스트레칭	30분	65	80	90	105
수영(천천히 헤엄)	30분	150	190	220	250
에어로빅	30분	170	205	240	275
조깅	30분	185	220	255	295
테니스	30분	185	220	255	295

리를 자동으로 계산해주는 '운동 소비 칼로리 계산기(http://www
5b.biglobe.ne.jp/~yuustar/sbw_eecl.html)'처럼 편리한 사이트도 있
으니 이용해보는 것도 좋겠습니다.

오른쪽의 표는 식품을 섭취했을 때의 칼로리입니다. 식품은 종
류가 다양하기 때문에 기억하기 어려우니 하루 섭취 칼로리를 상
세히 산출할 때에는 역시 인터넷에 무료로 공개된 편리한 사이트
를 이용하는 것이 좋습니다.

예를 들어 '그램을 알 수 있는 사진관(http://www.eiyoukeisan.
com/calorie/gramphoto/index_gram.html)'은 각 식품이 사진으로
표시되어 있어 g당 칼로리를 알 수 있습니다. 외식업체 음식의 칼
로리 비교까지 있어 추천합니다. 또 아침부터 밤까지 먹은 메뉴를
선택하면 하루 섭취 칼로리의 총합계를 알 수 있는 무료 계산 프로
그램인 '칼로리 계산(http://homepage2.nifty.com/WM/calorie.
htm)'도 있습니다.

그러나 편리한 자동계산 프로그램만 이용하면 좀처럼 각 식품의
칼로리를 익히지 못하므로 스스로 계산했을 때 정확한 수치를 산

칼로리 계산을 위한 기준

(단위 : kcal)

항목	kcal		항목	kcal
밥 1그릇			달걀 요리	200
어른 그릇	250		콩·두부	100
아이 그릇	150		**채소 요리**	
토스트 1장/버터나 잼 바름	150/120		기름 없음	50
메밀국수, 우동/튀김 곁들임	350/700		기름 있음	150
스파게티 미트소스	500		**샐러드**	
나폴리탄	700		기름 없음	50
피자(1/8 조각)	200		기름 있음	150
초밥 1개	50		딸기 1개	20
오믈렛	700		귤 1개	40
덮밥류 일반/돈가스 덮밥	700/100		사과 1/2개	80
카레			센베이 1장	25
보통	800		도넛 1개	200
+고기 많이	100		초콜릿 1장	250
+돈가스	1200		케이크 1개	250
라면	500		아이스크림 1개	300
도시락			감자 칩 1봉지	500
일본식·프라이 없음	500		차류/+설탕	5/25
마쿠노우치·생강구이·프라이 있음	800		주스류 일반	100
햄버그/튀김	100		우유 1잔/저지방	150/100
보통 생선 요리/프라이	200/500		**맥주**	
고기 요리			큰 컵	250
생강구이 1개	60		350ml	150
돈가스 1장	600		위스키 싱글	75
멘치가스 1장	300		와인 1잔	150
햄버그 1개	500			

*마쿠노우치 : 깨를 묻힌 주먹밥에 반찬을 곁들인 도시락 – 옮긴이

출하기 어렵습니다. 표에 나온 기본적인 수치 정도는 기억해 음식을 먹기 전에 대략적인 칼로리를 추정할 수 있도록 단련합시다.

또 칼로리 추정을 위한 연습문제를 오른쪽에 준비해놓았으니 꼭 도전해보십시오.

칼로리를 추정할 수 있으면 이제 다이어트는 자유자재입니다. 그렇다고 절대로 급격히 체중을 감량해서는 안 됩니다. 동물 실험에서도 급격하게 체중을 줄이면 오히려 몸에 부담을 주어 수명이 줄어든다는 것을 알 수 있었습니다. 또 지방조직은 체내에 침투한 유해물질을 상당량 쌓아 두는데, 급격한 체중 감량으로 지방이 한꺼번에 줄면 유해물질이 혈액에 한꺼번에 흘러들기도 합니다.

느긋한 감량으로 좋은 에피제네틱스를 유도해 유전자의 프로파일링을 변화시키는 것이 중요합니다. 대체로 일주일에 최대 0.5kg까지가 좋습니다. 3,600Kcal를 소비하면 0.5kg의 체중이 줄므로 하루에 소비 칼로리와 섭취 칼로리의 차이를 500Kcal까지로 하는 것이 좋습니다.

TEST PAGE

칼로리 계산 연습

오늘은 안심하고 맥주를 마실 수 있을까? 케이크도 먹을 수 있을까? 앞에서 이야기한 것을 근거로 칼로리 추정에 도전해보세요.

Step 1

당신은 35세의 남성입니다. 신체활동 레벨을 II로 가정하고, 하루 추정 기본 소비 칼로리를 103쪽 위의 표에서 고르세요. 하루 섭취 칼로리가 이 칼로리와 같으면 체중은 같게 유지됩니다.

Step 2

오늘은 오랜만에 퇴근 도중에 차에서 내려 15분간 빨리 걸어 헬스클럽에 들렀습니다. 15분 동안 스트레칭을 한 후, 30분 동안 천천히 수영을 하고, 또 빨리 걸어서 집으로 돌아왔습니다.
103쪽 아래의 표에서 소비 칼로리를 추정해 이것을 기본 소비 칼로리에 더한 후 주요한 신체동작이나 운동에 의한 소비 칼로리 양를 구하세요. 이때 체중은 60Kg이라고 가정합니다.

Step 3

다음으로 아래의 메뉴를 오늘의 식사 내용이라고 가정해 105쪽의 표에서 섭취 칼로리를 추정하세요.

아침 : 밥 1공기, 두부, 달걀 프라이, 일본식 샐러드, 과일주스 1잔
점심 : 햄버그 도시락, 드레싱을 곁들인 편의점 샐러드, 차 1잔
간식 : 먹지 않음
저녁 : 밥 1공기, 생선구이 1마리, 채소볶음, 귤 1개, 사과 1/2개, 설탕 넣은 커피 1잔

TEST PAGE

Step 4
아내가 헬스클럽에서 운동을 한 보상으로 맥주 350ml 1캔과 케이크 1개를 주었습니다. 체중을 지금 이대로 유지하고 싶을 때 당신은 이 포상품을 먹을 수 있을까요? 답은 아래에 있습니다.

칼로리 계산 연습 정답

Q. 오늘은 안심하고 맥주를 마실 수 있을까? 케이크도 먹을 수 있을까?
A. 맥주도 마실 수 있고 케이크도 먹을 수 있습니다.

Step 1
신체활동 레벨 Ⅱ인 35세 남성의 하루 추정 칼로리 소비량은 2,650kcal입니다.

Step 2
빨리 걷기 15분×2(왕복)=120kcal, 스트레칭 15분=40kcal, 천천히 수영 30분=190kcal로, 평소보다 총 350kcal의 칼로리를 더 소비하였습니다.

Step 3
칼로리 추정 기준표를 근거로 각 식사의 칼로리를 구해보면 아침=700kcal, 점심=1,155kcal, 저녁=745kcal로 합계 섭취 칼로리는 2,600kcal가 됩니다.

Step 4
체중 유지를 위해 오늘 필요한 칼로리는 2,650+350=3,000kcal이기 때문에 나중에 식품에서 400kcal를 섭취하면 좋겠습니다. 따라서 맥주 1캔(150kcal)과 케이크 1개(250kcal)를 먹어도 좋습니다.

성격이 급하면
심장병 발병률은 2배 높아진다

지금까지 건강하게 오래 살기 위한 과학적 비법에 대해 간략하게 이야기했지만, 장수자에게는 성격도 특징이 있다는 것이 알려져 있습니다. 국내외 연구조사에서 장수하는 사람은 일반적으로 밝고, 낙천적이고, 활동적이라는 결과가 나왔습니다.

긍정적인 성격이라는 내적 조건도 앞에서 설명한 '장수의 방정식'에 더해도 좋을지 모릅니다. 실제로 성격은 병의 예방에 굉장히 중요한 작용을 합니다.

혹시 당신 주위에 경쟁적·야심적·공격적인 성격에 기민하거나 성급한 사람은 없습니까? 이런 유형은 사회에서 부지런하게 활약하고 있는 사람에게 잘 나타납니다. 이러한 사람은 'A형 성격(타입 A 행동패턴)'으로, 비공격적이고 아득바득하지 않으며 느긋하고 마이페이스로 행동하는 'B형 성격(타입 B 행동패턴)'에 비해 심근경색 발병률이 두 배나 높다고 알려졌습니다.

'A형 성격'인 사람은 스트레스를 쌓아두는 경향이 있어 이것이 순환계에 부담을 줍니다. 모처럼 일에서 성공해도 병에 걸리면 모든 게 소용없으므로 이러한 성격에서 어떻게든 벗어나야 합니다.

성격은 변하지 않는다고 생각하는 사람도 많지만, 성격은 어느 정도 변할 수 있습니다. 심근경색에 걸린 'A형 성격'인 사람의 성격을 변화시키면 심근경색 재발의 예방이 가능하다는 미국의 연구 결과도 있습니다. 이처럼 성격을 바꾸면 운명도 바뀌는 것입니다.

당신이 둘 중 어느 성격에 해당하는지 오른쪽의 테스트로 꼭 확인해보세요.

TEST PAGE

당신의 성격은 A형? B형?

다음의 체크 리스트로 자신을 평가해보세요(A형 성격은 혈액형과는 관계없습니다).

질문에 해당하는 점수에 체크하면 됩니다. 항상 그렇다는 2, 가끔 그렇다는 1, 그렇지 않다는 0에 체크하세요.

1) 바쁘게 생활합니까?	2	1	0
2) 매일 시간에 쫓기는 느낌이 듭니까?	2	1	0
3) 일이나 무언가에 쉽게 몰두합니까?	2	1	0
4) 무언가에 열중해 있으면 다른 것에 신경을 잘 쓰지 못합니까?	2	1	0
5) 일을 철저하게 하지 않으면 만족하지 못합니까?	2	1	0
6) 일이나 행동에 자신을 가지고 있습니까?	2	1	0
7) 쉽게 긴장합니까?	2	1	0
8) 초조하거나 쉽게 화를 냅니까?	2	1	0
9) 규칙적이고 꼼꼼합니까?	2	1	0
10) 승부욕이 강한 편입니까?	2	1	0
11) 과격합니까?	2	1	0
12) 타인과 경쟁하는 기분이 쉽게 듭니까?	2	1	0

결과

17점 이상이면 전형적인 A형 성격입니다. A형 성격이라고 진단된 경우엔 지금부터라도 앞날을 위해 사고방식과 행동을 조금씩 바꾸기를 꼭 권합니다.

일 잘하는 사람과 그렇지 못하는 사람의 수분 섭취법

다음은 수분 섭취에 대해 이야기하겠습니다.

'건강을 위해 물은 많이 마시는 편이 좋다.'는 소문에 특별한 근거가 없다는 것을 머리말에서 이야기했는데, 그렇다고 너무 적게 마셔도 좋지 않습니다. 탈수증이 일어나지 않을 만큼의 수분은 매일 제대로 섭취해야 합니다.

사실 나이가 들수록 갈증을 느끼기 어려워집니다. 왜냐하면 피의 농도를 느끼는 센서가 둔해지기 때문입니다. 더운 날에 뇌경색에 걸리는 사람이 많은 이유는 바로 이 때문입니다.

텔레비전 등에서 혈액이 술술 흐르거나, 걸쭉해진다는 식으로 표현하며 기름진 음식을 먹으면 걸쭉해진다고 하지만 지방분이 든 것을 먹어도 실제로 혈액의 흐름은 그렇게 나빠지지 않습니다. 혈액의 흐름을 규정하는 기준은 '헤마토크릿(Hematocrit)', 즉 피의 농도입니다. 가장 혈액의 흐름을 나쁘게 하는 것은 탈수입니다. 그러므로 갈증이라는 감각에만 의존하지 말고 매일 섭취하는 수분량을 정해두고 일정하게 섭취하세요.

건강한 직장인의 적정 수분 섭취량은 식사에 포함된 수분을 포함해 남성 2ℓ, 여성 1.5ℓ 정도(체중×30cc 정도가 기준)를 기본으로 생각하면 좋습니다. 입원 중이라 먹을 수 없는 사람에게도 그 정도의 양을 공급하고 있습니다.

염분 과다에 주의하며 일정량의 수분을 매일 섭취하고 더운 날에는 평소보다 0.5~1ℓ 정도 더(땀이 많이 날 때는 그 이상) 마시는 것이 현명한 수분 섭취법입니다. 이는 고령자에게도 강하게 권하는 방법이므로 꼭 부모님께 알려주기 바랍니다.

물만 마셔도 붓는다며 물을 잘 마시지 않는 사람도 있는데, 특히 여성이 물을 너무 적게 마시면 방광염에 걸릴 수 있습니다. 건강하다면 물만으로는 절대 붓지 않습니다. 물은 많이 마셔도 소변으로 조금씩 배출되기 때문입니다. 붓는 것은 대부분 염분을 너무 많이 섭취해서입니다. 그 때문에 혈액의 삼투압이 높아져 혈관 밖의 조직으로 물이 빠져나가는 것입니다.

또 술을 마시면 알코올의 이뇨작용으로 오히려 탈수증상이 나타나므로 목이 마를 때 맥주를 마시는 것은 좋지 않은(가끔은 위험한) 습관입니다.

그럼 다음은 술에 대해 살펴보겠습니다.

소량의 음주가 과연 건강에 이로울까?

술은 1~2잔 정도라면 오히려 몸에 좋다고 하지만 실은 조금 복잡합니다.

구강암	★★★		
후두암	★★★	★★★	확실히 위험하다
인두암	★★★	★★	거의 확실히 위험하다
식도암	★★★		
설암	★★★		
간암	★★		
대장암	★★★ (남성)	★★ (여성)	

(세계 암연구기금과 미국 암연구소 보고서 2007년 개정판에 근거)

음주가 원인이 되는 암(소량으로도 암에는 주의해야 한다)

분명히 소량의 음주습관이 있는 사람은 심근경색의 발병 위험이 낮기때문에 심장병이 많은 유럽과 미국에서는 추천하기도 합니다. 실제 역학조사에서 소량의 음주습관이 있는 집단은 전체적으로 사망률이 낮다는 결과가 나왔습니다. 또 심근경색뿐만 아니라 뇌경색도 소량의 음주로 억제되는 경향이 있습니다. 이처럼 소량의 음주는 심근경색이나 뇌경색 등 혈관이 막혀 일어나는 중대한 병을 예방하는 효과가 있습니다.

그러나 앞의 표에 나온 것 같이 술은 소량으로 마셔도 여러 암의 발병 위험을 높입니다. 또한 음주량에 비례해 그 위험은 더욱 높아집니다. 더욱이 일본인에게는 알코올이 대사되어 생기는 발암물질인 아세트알데히드(Acetaldehyde, 숙취의 원인물질)를 분해하는

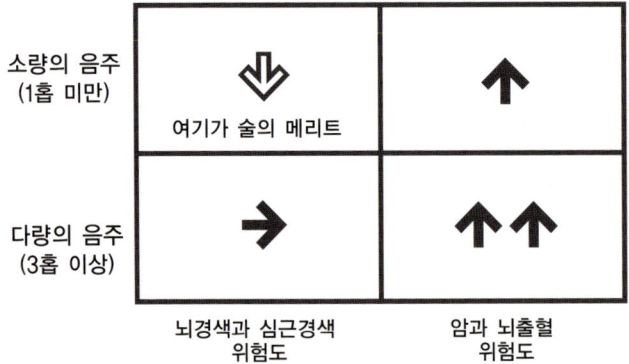

술은 프레임워크로 생각하라

'ALDH2'라는 중요한 효소가 거의 없거나 부족한 사람이 굉장히 많습니다(일본인의 10%는 거의 없으므로 술을 마실 수 없고, 40%는 부족해 술을 마시면 얼굴이 빨개집니다). 이러한 사람들은 아세트알데히드가 악영향을 끼치기 쉬우므로 주의가 필요합니다.

따라서 서양인에 비해 심장병이 적고(일정 인구당 심장병에 의한 사망자 수는 미국과 영국의 3분의 1 이하), 암이 많은 동양인이 서양인과 같은 음주습관으로 사망률을 낮출 수 있을지 의문입니다. 게다가 동양인에게 많은 뇌출혈의 위험성도 음주량에 비례해 상승합니다. 이런 이유로 술은 쉽게 좋고 나쁘고를 따지기 전에 프레임워크를 그려 거기에 자신과 가족의 조건을 적용해 생각하는 게 좋습니다.

당신의 체질과 몸 상태는 어떻습니까?

예를 들면 술을 마셔도 얼굴이 빨개지지 않고, 혈압도 오르지 않으며(오히려 낮아진다), 살도 안 찌고, 콜레스테롤도 높아지지 않으며, 가족 중 암 환자가 없다면, 당신에게 음주는 심장병 예방 등의 면에서 장점이 될지도 모릅니다. 단, 너무 많이 마시면 모처럼의 효과도 없어지므로 어디까지나 소량만 마시도록 합시다.

영양제는
반드시 필요하다

가끔 '영양제가 필요한가요?'라는 질문을 받습니다.

텔레비전이나 잡지 등에서 여러 영양보충제 광고를 자주 볼 수 있지만, 수상한 것도 많고, 효과가 없거나 오히려 유해한 것까지 있으므로 영양제를 좋게 생각하지 않는 분도 많습니다. 그러나 영양제를 잘 섭취하면 확실한 효과를 볼 수 있기 때문에 어느 정도의 지식을 가지고 있는 것이 좋습니다.

영양제에 대한 수많은 정보 중 특히 중요한 요점에 대해 설명하겠습니다.

우선 영양제를 먹는 가장 큰 목적은 우리 몸에 부족하기 쉬운 영양소를 보충하는 것입니다. 만약 만족스러운 식생활을 하고 있으면 기본적으로 영양제는 불필요합니다. 그러나 과도한 업무 등으로 만족스러운 식생활이 어렵고, 식품의 영양가가 예전보다 상당히 줄어 있으므로 식사가 불규칙하다고 느껴지면 영양제를 먹는 것이 좋습니다.

영양제를 먹는 두 번째 목적은 보통 식품에서는 충분히 섭취할 수 없는 몸에 좋은 성분을 간단하고 지속적으로 섭취하는 것입니다. 그 성분들을 잘 이용하면 보통 식품 이상의 효과를 기대할 수 있습니다. 이 목적으로 먹고 있는 영양제에는 의약품과 비슷한 효과가 있는 것도 있는데 실제로 해외에서는 의약품으로 의료현장에서 쓰이기도 합니다.

이처럼 목적을 가지고 영양제를 잘 섭취하면 건강에 플러스가 되니 지식을 가지고 자신에게 필요하다고 생각되는 영양제는 적극적으로 섭취하면 좋겠습니다.

• 영양제의 목적 •

첫째 – 부족하기 쉬운 영양소를 보충한다.
둘째 – 식사를 통해 좀처럼 얻기 어려운 기능성 성분을 효율적으로 섭취한다.

그럼 첫째 목적에 대해 구체적으로 설명하겠습니다.

많은 직장인은 비타민과 미네랄이 부족해지기 쉽습니다. 물론 부족한 부분을 식사에서 보충할 수 있으면 가장 좋겠지만 일이 바쁘면 식사도 불규칙해지기 쉽고 생각대로 잘되지 않습니다. 적정량의 비타민과 미네랄은 살아가려면, 또 병에 걸리지 않으려면 꼭 필요하므로 부족하면 영양제로 섭취해야 합니다.

그렇다고 비타민과 미네랄 영양제를 일일이 개별적으로 보충하기도 어렵습니다. 따라서 우선은 중요한 비타민과 미네랄이 모두 들어 있는 '종합비타민이나 미네랄 영양제'로 보충하는 것을 권합니다. 종합비타민 영양제로 부족한 비타민과 미네랄을 균형 있게 보충할 수 있습니다. 단, 너무 많이 섭취하는 것은 주의해야 합니다. 아무리 몸에 필수적인 비타민과 미네랄이라도 과잉 섭취는 해가 됩니다.

물론 의약품이 아닌 시판되는 영양제에는 비타민과 미네랄이 많이 들어 있지 않으니 쉽게 과잉이 되진 않겠지만 그래도 특히 주의해야 할 사항이 있습니다. 바로 지용성 비타민(비타민 A, D, E, K 등)의 과다 섭취입니다. 비타민 중에서도 많이 섭취하면 바로 소변으로 배출되는 수용성 비타민(비타민 C, B 등)이라면 그다지 문제가 되지 않지만, 지용성 비타민을 과도하게 섭취하면 배출되지 않고 점점 몸에 축적되므로 주의가 필요합니다.

그중 특히 주의해야 할 것이 비타민 A입니다. 비타민 A를 과다 섭취하면 두통과 구토감 등의 증상이 나타날 뿐만 아니라 임부에게 중대한 영향을 끼칠 가능성이 있습니다. 임부가 비타민 A를 과다 섭취하면 기형아 출산의 위험이 높아집니다. 몸의 기본 구조는 임신 초기에 만들어지므로 임신할 가능성이 있는 경우에 비타민 A의 섭취는 충분한 주의가 필요합니다.

만약 비타민 A를 섭취해야 하는 상황이라면, 비타민 A 대신에 베타카로틴이 들어 있는 영양제를 추천합니다. 베타카로틴은 비타민 A의 전구물질(前驅物質)로 몸 안에서 필요한 만큼 비타민 A로 변환됩니다. 귤을 많이 먹으면 손바닥이 황색이 되는데 이 황색이 베타카로틴의 색입니다. 베타카로틴 자체는 수용성이라서 과잉증이 일어날 염려가 없습니다. 영양제의 성분을 보면 비타민 A의 란에 '이 중 몇 %는 베타카로틴'이라고 쓰여 있습니다. 혹은 베타카로틴 100%인 것도 있습니다.

한편 임부에게 매우 도움이 되는 비타민 영양제도 있습니다.

임신하면 녹색 채소에 많이 포함된 비타민 B군 중 하나인 엽산이 부족해지는데 이것이 아기의 중추신경계 기형의 원인인 것이 과학적으로 증명되었습니다. 이 때문에 이미 미국에서는 아침식사로 많이 먹는 시리얼(콘플레이크)에 의무적으로 엽산을 첨가하도록 해 기형을 예방하고 있습니다.

기형 예방을 위해서는 임신 초기(임신 6주째까지)에 충분한 양의 엽산을 섭취하는 것이 바람직하지만, 임신 초기에는 식사의 기호가 변하거나 식욕이 떨어져 좀처럼 충분한 양을 섭취하기 어려울 수 있습니다. 그래도 수용성 비타민인 엽산은 한 번에 많이 섭취해도 과잉되는 양은 바로 몸 밖으로 배출되므로 매일 섭취할 필요가 있습니다.

일본 산부인과학회에서는 임신 초기에 하루 0.4mg의 엽산을 영양제로 섭취하는 것을 장려하고 있습니다. 이때 종합 영양제가 아니라 엽산을 단품으로 섭취하는 것이 좋습니다.

또, 엽산에는 호모시스틴(Homocysteine)이라는 동맥경화를 촉진하는 악성 아미노산을 줄이는 작용도 있어 미국 내과학회 등에서는 호모시스틴이 많은 사람에게 엽산 섭취를 장려하고 있습니다. 엽산과 함께 그 외의 비타민 B군(B_6나 B_{12})을 섭취하면 한층 효과적이라서 호모시스틴이 많거나 동맥경화가 걱정되는 사람은 비타민 B군이 모두 들어 있는 영양제(비타민B 콤플렉스)를 복용하면 좋습니다.

다음으로 멀티비타민·미네랄 영양제에 포함되어 있는 미네랄의 포인트인 '철'에 대해 이야기하겠습니다.

철은 남녀 모두 부족해지기 쉽지만, 실은 상당히 개인차가 있습니다. 그리고 육식 중심에 와인을 자주 마시는 남성이나 폐경 후의 여성에게는 오히려 철 과잉이 되는 일이 있습니다.

과다한 철은 노화의 원인이 되는 활성산소를 발생시키고 여러 장기조직의 기능을 떨어뜨리므로, 빈혈이 없고 철이 충분하다고 생각되는 경우엔 철이 제외된 영양제를 추천합니다. 멀티비타민·미네랄 영양제는 매일 먹을 필요는 없습니다. 그러나 식생활이 불규칙하다고 느낄 때는 매일 먹도록 합시다.

다음은 영양제 섭취의 둘째 목적인 '기능성 성분 섭취'에 대해 설명하겠습니다.

기능성 성분을 포함한 영양제의 대표는 허브 영양제입니다.

미국의 허브 영양제 매출 순위를 보면 1위 은행잎, 2위 에키나세아(Echinacea, 허브의 일종으로 감기, 호흡기질환에 효과가 있다 – 옮긴이), 3위 톱야자(Saw palmetto, 북미에서 자라는 천연야자수로 전립선비대증에 효과가 있다 – 옮긴이), 4위 마늘, 5위 크랜베리입니다. 익숙하지 않은 것도 있지만 모두 특정 목적에 효과를 발휘하는 과학적 근거가 확실히 증명된 것들입니다.

그에 비해 일본의 허브 영양제 매상 순위에서 상위에 올라 있는 것은 이름은 잘 들어보았지만 과학적 근거는 약합니다. 이번에 새로이 철저하게 조사해보았는데 역시 강하게 권할 수 있을 정도의 근거는 찾지 못했습니다.

이제부터는 과학적 근거를 좀 더 중시해서 영양제를 선택해야 합니다. 물론 비타민 K가 풍부한 클로렐라 등 인기 허브 영양제에도 여러 영양소가 포함되어 있는 건 사실이므로, 개발·판매자 측은 그것들이 몸에 확실히 도움이 된다는 것을 앞으로 좀 더 과학적으로 증명해야 할 것입니다.

• 영양제의 포커스 리딩 •

첫째, 부족하기 쉬운 영양소를 보충한다
1) 식생활에 불안감을 느끼면 먼저 종합비타민·미네랄을 먹는다.
① 단, 비타민 A의 과잉에 주의(과잉으로 두통, 구토, 태아의 기형)
　[해결책] 비타민 A가 베타카로틴의 형태로 들어 있는 것을 선택
② 철의 과잉에도 주의(과잉으로 활성산소 발생, 장기조직 장해)
　[해결책] 빈혈이 없고 고기나 와인을 자주 섭취하는 사람은 '철'이 포함되지 않은 것을 선택

2) '엽산'은 직장인의 친구
① 동맥경화를 예방. 비타민 B군으로 먹으면 한층 효과적.
② 임신 시 부족하기 쉬움. 섭취하여 태아의 기형을 확실하게 줄일 수 있다. 단품으로 먹으면 좋다.

둘째, 식사에서 얻기 힘든 기능성 성분을 효율적으로 섭취한다
1) 미국의 허브 영양제 베스트 5(IRI사 2005년 조사결과)
1위 은행잎 – 뇌혈류 개선에 의해 인지증(치매)에 효과
2위 에키나세아 – 감기 예방과 병에 걸려 있는 기간 단축
3위 톱야자 – 전립선 비대증 완화
4위 마늘 – 고지혈증 개선, 혈전 형성 억제 → 혈류 개선
5위 크랜베리 – 요로감염증 예방
→ 모두 과학적 근거가 확실히 증명되어 있다.

2) 일본의 허브 영양제 베스트 5(헬스푸드리포트 2004)
1위 클로렐라 – 근거 부족
2위 알로에 – 근거 부족
3위 프룬 – 근거 부족
4위 인삼 – 강한 근거는 없다
5위 케일 – 근거 부족
→ 지금부터는 과학적 근거로 선택하자.

Health Up 칼럼
과학적 근거에 대해

이 책에서는 반복해서 '과학적 근거'라는 말이 나옵니다. 여기서 이에 대해 설명하겠습니다. 과학적 근거에는 몇 개의 레벨이 있어 다음의 표처럼 분류됩니다.

과학적 근거에 의한 분류

1. 랜덤화 비교시험의 메타분석에 의한 근거
2. 적어도 한 개의 랜덤화 비교시험에 의한 근거
3. 적어도 한 개의 잘 디자인된 비랜덤화 비교시험에 의한 근거
4. 적어도 한 개의 잘 디자인된 준실험적 연구에 의한 근거
5. 잘 디자인된 비교시험·상관연구·케이스콘트롤 연구 등의 비실험적 기술(記述)적 연구에 의한 근거
6. 전문가 위원회의 보고서나 의견, 혹은 권위자의 임상경험에 의한 근거

일반적으로 표 위쪽의 방법으로 얻은 근거일수록 질이 높습니다. 즉, '권위자의 임상경험'처럼 예부터 중시해온 '어느 선생의 가르침에 따르면'이라는 것은 과학적 근거로서는 최저 레벨입니다.

한편, 대상을 무작위로 선별하여 치료법과 처리를 할당하는 시

험(이러한 시험 스타일을 랜덤화 비교시험이라고 합니다) 결과 얻은 근거가 질이 높은 근거로 여겨지고 있습니다.

예를 들면 어느 영양제가 효과가 있을까를 연구할 때, 진짜 영양제와 무해한 가짜(콘트롤)를 준비해 어느 것이 진짜인지 모르는 상태로 실험 대상자에게 먹이고 연구자도 누가 진짜를 먹었는지 모른 채 데이터를 수집합니다. 그리고 마지막에 진짜를 먹은 사람들과 가짜를 먹은 사람들의 데이터를 비교해서 진짜를 먹었던 사람들에게 목적하는 효과가 나타났는지 검토한 결과가 질이 높은 과학적 근거입니다.

또한 이와 같은 방법에 의해 얻은 연구결과를 여러 개 모아 분석(메타분석이라고 합니다)하여 얻은 결과가 가장 상위를 차지하고 있습니다.

단, 연구의 질도 중요해 질이 나쁜 랜덤화 비교시험보다 잘 디자인된 증례(症例) 대상 연구 쪽이 '증거능력'이 충분히 높을 수 있으므로 정보를 과학적·논리적으로 잘 분석하는 것이 필요합니다.

▶ Chapter 3 정리 summary

1. 비타민과 미네랄을 의식해서 섭취하자.
2. 사회와 지역, 타인과 좋은 관계를 쌓으며 살자.
3. 칼로리를 제한해서 몸에 장수의 방정식을 도입하자.
4. GI 지수를 의식해서 식사하자.
5. 좋은 에피제네틱스를 유도해서 앞날을 밝게 바꾸자.
6. 칼로리를 추정할 수 있도록 하자.
7. A형 성격은 바로 고치자.
8. 수분은 매일 먹는 양을 정하자.
9. 술은 프레임워크로 생각하자.
10. 영양제를 잘 이용하자.

Chapter 4

최상의 컨디션을 위한 이기는 건강습관

드디어 내가 매일 실천하고 있는 여러 가지 '초 건강법'을 소개하려고 합니다.
이것들은 건강에 좋은 여러 과학적 근거를 내 몸에 가장 효율적으로 도입하기 위해
연구, 개량을 거듭한 결과 개발한 것입니다.

스트레스를 받지 않는 최강의 아침식사 ①
파워 믹서 활용법

식사의 비밀병기를 소개하겠습니다. 바로 많은 채소와 과일을 효율적으로 섭취할 수 있는 파워풀한 '비법'입니다.

지금까지 채소와 과일은 비타민, 미네랄, 식물섬유의 보급원으로 여겨졌습니다만 최근에는 여기에 들어 있는 피토케미컬(Phytochemical)로 총칭되는 여러 물질이 인체에 매우 중요한 작용을 하는 것이 알려졌습니다.

나는 채소와 과일을 먹을 때는 피토케미컬을 섭취하는 것을 매우 의식하고 있습니다. 피토케미컬이라는 것은 본래 채소나 과일이 자신들의 생존을 위해 만들어내는 기능성 물질로 과도한 자외선이나 해충 등으로부터 자신을 지키고 있습니다. 이 피토케미컬이 인간의 건강에도 유익하다는 것이 알려진 이래 많은 물질의 기능이 분석되고 있습니다.

피토케미컬은 대부분 채소와 과일의 색소와 쓴맛 성분 그리고 냄새(예를 들면 마늘 냄새) 등입니다. 3장에서 소개한 레스베라트롤이라는 폴리페놀도 포도 껍질에 있는 색소이며 피토케미컬의 한 종류입니다. 또 최근 자주 들을 수 있는 라이코핀(Lycopin)이나 이소플라본(Isoflavon) 등도 피토케미컬입니다.

피토케미컬의 대표적인 작용은 항산화작용입니다. 식물은 항산화작용으로 자외선의 산화스트레스를 방어하고 있습니다. 이 작용은 인체에서 발생해 병을 일으키고 노화를 촉진하는 산화스트레스를 제거할 수 있다는 것이 알려졌습니다. 많은 피토케미컬이 암이나 동맥경화를 예방하고 면역력을 향상시킨다는 것이 인정되었는데 이들도 항산화작용에 의한 것입니다.

또 이미 미국 국립암연구소에서 암 예방에 효과가 있는 식품이나 그 성분을 명확히 할 목적으로 '디자이너 푸즈 프로그램'이라는 프로젝트가 실행되어, 식품을 암 예방효과 면에서 중요도 순으로 분석한 '디자이너 푸즈 리스트'가 공개되었습니다. 여기에 올라 있는 식품의 암 예방효과도 식품 각각에 들어 있는 피토케미컬의 항산화작용에 의한 것이 많습니다.

'디자이너 푸즈 리스트'의 정점에 있는 것은 마늘입니다. 마늘의 냄새 성분인 알리신(Allicin)에는 암 예방효과가 있는 것이 실험으로 확실하게 알려졌습니다. 또 3장에서 이야기한 것처럼 마늘은 혈액순환을 좋게 하거나 동맥경화를 예방한다는 것도 알려졌습니다. 단, 무취 마늘은 냄새의 원인인 유효성분이 빠져 있거나 마늘과는 전혀 다른 종류인 경우도 있으므로 주의가 필요합니다.

중요도
위쪽 식품일수록 암 예방효과가 높다

피라미드 (위에서 아래로):
- 마늘, 콩, 감초*, 파스닙**, 양배추, 생강, 당근
- 양파, 녹차, 터메릭, 현미, 통밀가루, 감귤류(오렌지, 레몬, 자몽), 가지류(토마토, 가지, 피망), 유채류(브로콜리, 콜리플라워, 싹양배추)
- 머스크멜론, 허브(바질, 타라곤, 페퍼민트, 오레가노, 타임, 산파, 로즈마리, 세이지), 오이, 감자, 메귀리, 보리, 베리

* : 콩과의 다년초로, 구미에서는 감미료로 종종 이용됨.
** : 당근과 비슷한 뿌리를 가진 미나리과의 이년초.

* 미국 국립암연구소 발표

디자이너 푸즈 리스트

피토케미컬	포함된 식품	기대되는 작용
알리신(Allicin)	마늘, 파, 양파	항균, 항암, 혈류 개선
안토시아닌(Anthocyanin)	블루베리, 가지, 검은콩	안정피로 예방, 개선
이소플라본(Isoflavon)	콩	골다공증, 비만, 암 등의 예방
엘라그산(Ellagic acid)	라즈베리, 사과	항암, 멜라닌 생성 억제(미백)
카테킨(Catechin)	녹색 채소	항균, 항암, 혈압상승 억제
케르세틴(Quercetin)	사과, 양파, 브로콜리	항염증
설포라판(Sulforaphane)	브로콜리, 양배추	항균, 항암
세사민(Sesamine)	깨	저밀도 콜레스테롤 저하, 동맥경화 억제
라이코핀(Lycopin)	토마토, 수박	항암, 동맥경화 억제
레스베라트롤(Resveratrol)	포도	수명연장, 항암, 동맥경화 억제

피토케미컬을 포함한 식품과 작용

지금까지 피토케미컬에 대해 설명했습니다. 앞으로는 피토케미컬을 좀 더 의식해서 섭취하세요. 흰색을 포함한 여러 색의 채소와 과일을 섭취하면 많은 양의 피토케미컬을 섭취할 수 있습니다. 낮에는 외식, 밤에는 회식이 많은 직장인에게는 역시 아침이 채소와 과일을 먹을 가장 좋은 기회이므로 아침식사 때 가능한 한 많이 섭취하세요.

그러나 아침부터 그렇게 먹을 수 없거나 많이 먹을 시간이 없는 분도 많겠지요. 또 채소나 과일을 너무 많이 먹고 싶지 않다는 분도 있을 겁니다. 그러나 건강을 얻기 위해서는 꼭 채소와 과일을 섭취해야 합니다. 어쨌든 매일 계속해서 많은 채소와 과일을 섭취할 수 있는 비법을 만드는 것이 선결과제입니다.

그래서 추천하고 싶은 것이 '믹서' 활용입니다.

나는 몇 년 동안 매일 아침 채소와 과일 섭취를 위해 믹서를 이용했습니다. 믹서 없이는 많은 채소와 과일을 이렇게 계속해서 섭취하는 일은 불가능했다고 생각합니다.

주서로 채소, 과일을 섭취하는 이점에 대해서는 도표로 정리해 보았습니다. 먼저 주의할 점을 알려드리겠습니다.

채소·과일 100%라도 농축 주스는 비타민 C가 대부분 없어지며, 주서로 갈았을 때도 시간이 흐르면 비타민 C는 점점 줄어듭니다. 당근, 사과, 오이, 콜리플라워, 쑥갓, 바나나 등에는 아스코르비나아제(Ascorbinase)라는 비타민 C를 파괴하는 효소가 들어 있는데 주서로 갈면 이 효소가 더욱 쉽게 작용하기 때문입니다. 그러므로 주스를 만든 뒤에는 가능하면 빨리 마시도록 하세요. 또 아스코르비나아제는 산에 약해 주서에 소량의 술을 섞는 것도 비타민 C의 파괴를 막을 수 있습니다.

> **• 주서의 훌륭한 점 •**
>
> **① 한 번에 마실 수 있다**
> 시간이 절약되므로 바쁜 직장인에게 최적. 또 채소, 과일을 그다지 좋아하지 않는 사람이나 아침부터 채소, 과일을 먹을 기분이 안 나는 사람에게도 좋다.
>
> **② 한 번에 많은 채소, 과일을 먹을 수 있다**
> 샐러드로 만들면 부피가 커지므로 많은 양을 먹지 못하는 사람에게 좋다. 소화도 잘 된다.
>
> **③ 지금까지 잘 먹지 못했던 채소, 과일도 먹을 수 있다**
> 싫어하는 채소, 과일이 섞여 있어도 믹서로 갈면 맛이 상쇄되어 먹기 편하다.
>
> **④ 통째로 먹을 수 있다**
> 껍질, 씨도 포함해 통째로 섞으면 더욱 많은 피토케미컬을 섭취할 수 있다.
>
> **⑤ 생으로는 먹기 어려운 채소도 그대로 먹을 수 있다**
> 시금치나 브로콜리 등도 그대로 먹을 수 있다. 생채소가 익힌 채소보다 비타민과 미네랄 등의 영양소를 더 많이 섭취할 수 있다. 현재, 함유량이 적어지고 있으므로 이는 몸에 굉장히 좋다.

주서는 가능하면 섞는 힘이 강한 기종을 고르는 것이 좋습니다. 그러면 잘게 분쇄되기 때문에 마시기 쉽고(힘이 부족하면 걸쭉해집니다), 찌꺼기도 적습니다.

주스에는 비타민 C의 파괴를 막기 위해 모로미초(일본 흑초)를 첨가합니다. 모로미초에는 구연산이나 아미노산이 풍부해 아침 운동 후 피로도 회복됩니다.

주스로 만들 채소와 과일은 마시기 쉽도록 반드시 당근과 사과를 넣고, 그 외에는 계절이나 그날그날의 식재료에 따라 바꾸세요.

예를 들면 당근, 사과에 토마토, 시금치를 넣고 모로미초를 더해 마시면 매우 맛있습니다. 시금치를 넣으면 주스가 풀색이 되어 보기 싫지만 의외로 맛있으니 꼭 한번 도전해보세요. 그 밖에 셀러리나 쑥갓 등도 좋습니다. 여름에는 고야를 첨가합니다. 물론 조금 쓴맛이 나지만 주스로 만들면 쉽게 마실 수 있습니다.

수많은 채소, 과일 중에서 사과 농축액과 포도 농축액이 가장 항산화력이 강합니다. 또한 껍질에 강력한 항산화물질이 있고, 포도씨에도 레스베라트롤 등의 항산화물질이 풍부하므로 통째로 주서로 갈아서 먹는 것을 권합니다. 단, 사과씨에는 청산가리, 청산칼륨 성분이 들어 있으니 주의하세요.

최고의 성과를 낼 수 있는 최강의 아침식사 ②
두유

나이를 먹을수록 산뜻한 음식을 좋아하는 사람이 많은데 주의하지 않으면 단백질이 부족해지기 쉽습니다. 요즘엔 메타볼릭 증후군 대책만을 중요시하지만 2장에서 말한 것처럼 단백질 부족은 수명을 줄이는 위험인자입니다. 지금부터 의식해서 단백질을 섭취하는 비법을 실천하는 것이 중요합니다.

그렇다고 고기만 먹으면 동물성 지방이 과잉되고 또 매일 생선만 먹을 수도 없습니다. 그래서 건강유지의 관점에서 연구해본 결과 가장 좋은 단백질원으로 결론내린 것이 '콩 제품'입니다. 식물성 식품에서 단백질원(아미노산)을 균형 있게 섭취하는 것은 어렵지만, 콩에는 사람의 건강유지에 꼭 필요한 필수 아미노산이 많이 들어 있습니다.

또한 콩에는 '좋은 기름'인 알파리놀렌산이 풍부하고, 콩에 있는 이소플라본 등의 피토케미컬은 비만과 암도 예방해 매우 좋은 단백질원이라고 할 수 있습니다.

그러면 어떻게 콩 제품을 섭취하면 좋을까요? 낫토를 먹거나 두부를 넣은 된장국을 먹어도 좋겠지요. 그러나 매일같이 콩이나 두부 된장국만 계속 먹을 순 없습니다. 게다가 아침은 양식 중심에다 밤에는 외식이 많은 분도 있을 테고요. 그래서 추천하는 것이 매일 아침 '두유'를 마시는 것입니다. 이거라면 매일 간단히 계속할 수 있습니다. 믹서로 만든 주스와 함께 두유 한 컵을 마시는 것이 최강의 아침식사입니다. 매일 마시는 두유는 유기농 콩으로 만든 성

두유를 이용한 두유 전골(콩 제품인 두부를 넣으면 매우 맛이 좋아집니다. 정어리 어묵이나, 닭고기 경단(지방이 적은 가슴살) 등을 넣으면 더욱 많은 단백질을 섭취할 수 있습니다.)

분무조정 두유가 좋습니다.

　우리 집에서는 여름에도 열흘에 한 번은 두유 전골을 먹습니다. 연어를 넣은 두유 전골을 먹은 다음 날엔 몸 상태가 좋아져 중요한 일이 있을 때는 '승부식'으로 항상 두유 전골을 먹고 있습니다.

균형 잡힌 하루를 위한 최강의 아침식사 ③ 홈 베이커리 식사법

믹서에 이어 비밀병기를 하나 더 소개하겠습니다. 이것은 매일 안심하고 아침식사를 하기 위한 비법입니다.

아침에 빵을 먹는 사람이 많은데 건강을 위해 꼭 유의했으면 하는 것은 빵의 성분입니다. 빵을 만들 때는 표면을 부드럽고 촉촉하게 하기 위해 유지를 첨가합니다. 유지로는 보통 버터를 사용하는데 최근엔 버터의 가격이 올라 마가린이나 쇼트닝으로 대체하기도 합니다.

그러나 마가린과 쇼트닝에는 최악의 지방인 트랜스지방산이 다량 들어 있어 매일 생각 없이 먹었다간 동맥경화로 이어집니다. 물론 버터에도 소량의 트랜스지방산이 있어 버터가 들어간 빵에 또 버터를 발라 먹으면 포화지방산을 과잉 섭취하게 되어 몸에 좋지 않습니다.

덧붙여 흰 빵은 GI 수치가 높아 혈당이 쉽게 오르므로 인슐린의 분비를 촉진하지만, 미네랄과 식물섬유 등은 적습니다. 그러므로 건강을 위해 어떤 빵을 먹느냐가 중요합니다.

그래서 추천하는 것이 가정용 제빵기입니다.

제빵기를 사용하면 재료를 직접 고를 수 있어 매일 안심하고 빵을 먹을 수 있습니다. 게다가 제빵기는 성능이 좋아져 재료를 넣고 스위치를 누르는 것만으로 간단하게 맛있는 빵을 만들 수 있고 그만큼 쉽습니다. 재료는 보통 무염 버터를 쓰는데, 버터 대신 올리브오일을 사용해도 충분히 맛있고 몸에 좋은 빵을 만들 수 있습니다. 그리고 통밀가루를 사용하면 더 많은 미네랄과 식물섬유를 섭취할 수 있고(보통 빵을 만들 때 쓰는 강력분에 비해 철분이 약 3배, 식물섬유는 약 2.5배 많이 들어 있습니다) GI 수치도 낮아집니다.

• 제빵기의 훌륭한 점 •

① 몸에 좋다
• 모르는 사이에 트랜스지방산 함유량이 많은 빵을 먹지 않게 된다.
• 올리브유를 쓰면 오히려 몸에 좋은 빵을 만들 수 있다.
• 통밀가루를 쓰면 한층 영양가 높은 빵을 만들 수 있다.

② 간단하다
• 재료를 넣기만 하면 자동으로 빵이 만들어진다.
• 필요한 것은 재료비와 전기 요금뿐으로 사 먹는 것보다 싸다.

③ 맛있고 즐겁다
• 매일 바로 구운 빵을 먹을 수 있다.
• 여러 가지 빵을 만들 수 있다.

건포도나 고구마가루 등을 첨가하면 맛도 좋을뿐더러 피토케미컬(건포도의 레스베라트롤, 고구마의 안토시아닌)도 섭취할 수 있습니다.

이처럼 제빵기로 빵을 만들면 식품 중의 위험한 물질을 배제하며 한 번에 많은 중요한 영양분을 확실히 섭취할 수 있어 건강의 상승효과가 납니다.

매일 아침 여러분의 집에서도 제빵기를 사용하여 건강에 좋은 빵을 만들어 보세요.

• 몸에 좋은 건강빵을 만드는 법 •

통밀가루 125g, 강력분 125g
올리브오일 1큰술
흑설탕 1큰술, (천연)소금 1작은술
드라이이스트균 약 5g
건포도 50g 혹은 고구마가루 1작은술
냉수(5℃ 이하) 190cc

당분은 이스트균의 영양분이 되어 발효숙성을 촉진하고 풍미와 향을 좋게 합니다. 소금은 씹는 느낌이 나게 하고 잡균의 번식을 막아줍니다. 또한 유제품과 달걀은 넣지 않습니다.
이들 재료를 반죽해서 제빵기에 넣은(단 드라이이스트균과 건포도는 섞지 않고 정해진 장소에 넣습니다) 후 '시작' 버튼을 누르고 5시간 정도 기다리면 됩니다. 이것만으로 맛있는 빵이 완성됩니다. 통밀가루를 조금 덜 넣으면 2시간이면 만들 수 있습니다. 매우 맛있고 몸에도 좋으니 꼭 한번 시도해보세요.

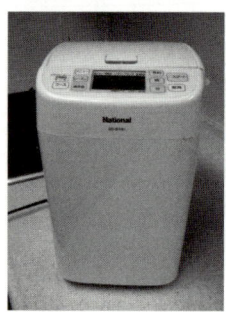

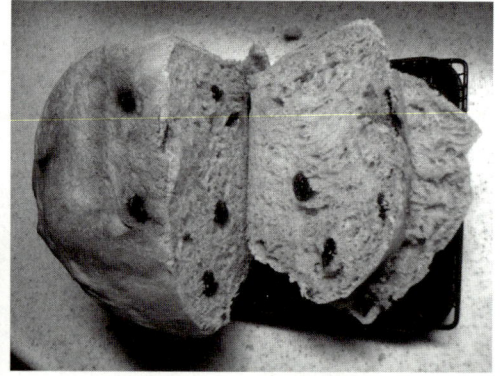

재료(왼쪽 위)를 제빵기(왼쪽 아래)에 넣은 후 스위치를 누르고 5시간만 기다리면, 몸에 좋은 '건강빵(오른쪽)' 완성.

걷기와 조깅을 한 번에, 가정용 트레드밀 활용법

　직장인은 정말 바쁩니다. 너무 바빠 운동할 시간조차 생기지 않습니다. 지금은 운동습관이 있는 사람의 비율이 20~40대 남녀 모두 5명 중 채 1명도 되지 않는 상황입니다. 그러나 운동을 하지 않으면 아무리 식사에 신경을 써도 건강해지지 않습니다. 운동에는 146쪽의 표에 나온 것처럼 여러 가지 훌륭한 효과가 있으므로 꼭 운동을 습관화하십시오.

　바빠서 운동할 시간이 없는 분도 많겠지만, 운동을 하는가 하지 않는가로 미래는 크게 변합니다. 그러므로 시간을 절약하며 매일 즐겁게 계속 운동할 수 있는 비법을 소개하려 합니다.

> **• 운동을 습관으로 하면 이런 좋은 점이 있다 •**
>
> - 비만, 심장병, 뇌졸중, 성인형 당뇨병, 골다공증 등에 걸릴 위험성이 확실히 저하된다.
> - 암도 예방된다. 결장암의 위험성은 확실히 감소한다. 유방암의 위험성도 매우 확실히 감소한다.
> - 이들 여러 병이 예방되는 결과 사망률이 확실히 감소한다. 고령이어도 운동을 지속적으로 하면 사망률이 감소한다. 운동은 몇 살부터 시작하든 결코 늦지 않다.
> - 뇌내 신경간세포의 증식을 촉진한다. 뇌세포가 증가한다.
> - 젊음 유지에 필요한 호르몬(성장호르몬, DHEA-s, 테스토스테론 등)이 분비된다.
> - 인지증에 걸릴 위험이 적어진다. 하루 보행거리가 짧아 질수록 알츠하이머형 인지증에 걸릴 위험성은 늘어난다.
> - 혈관 연령이 젊어진다.
> - 고밀도(HDL) 콜레스테롤을 늘린다.

　나는 대표적인 유산소 운동인 걷기와 조깅을 '가정용 트레드밀'이라는 운동기구로 하고 있습니다. 여러분에게도 가정용 트레드밀을 사용한 운동을 제안합니다. 갑자기 가정용 트레드밀을 사는 것이 내키지 않을지도 모르지만, 이것이야말로 바쁜 직장인들이 매일 운동을 하기 위한 최강의 무기라고 생각합니다. 왜냐하면 트레드밀에는 많은 이점이 있기 때문입니다.

　앉아서 채 텔레비전을 계속 보면 비만이 되기도 하고, 나아가서는 생활습관병에 걸릴 위험을 높이며, 수명까지 줄어든다는 것이 과학적으로도 증명되었는데, 트레드밀을 사용하면 텔레비전을 보면서도 체중을 감량할 수 있어 생활습관병을 멀리할 수 있습니다. 게다가 동시에 여러 가지를 할 수 있어서 시간이 매우 절약됩니다. 언제, 어디서라도 운동할 수 있다는 것도 장점입니다. 모처럼 매일 걸으려고 결심해도 여름이면 무더위나 장마로 걸을 수 없는 날이 계속되기도 하는데, 가정용 트레드밀을 이용하면 한여름에도 시원한 실내에서 계속 걸을 수 있습니다.

또 트레이닝복으로 갈아입는 것도 매일 하면 은근히 귀찮아집니다. 그러나 가정용 트레드밀을 이용하면 잠옷 차림으로도 할 수 있어 남의 눈을 의식할 필요가 없습니다. 졸린 얼굴이어도, 숨이 차올라 얼굴을 찌푸려도, 음악에 취해 흥얼거려도 전혀 상관없습니다. 뇌 과학자인 시게키 겐이치로[茂木健一郎] 씨는 남에게 보이고 싶지 않은 공부 스타일을 남이 보지 않게 행하는 것을 '학의 은혜 갚기 공부법(일본 전래동화인 『학의 보은』에서 따온 말 - 옮긴이)'이라고 이름을 붙여 실천하고 있는데, 가정용 트레드밀을 사용한 운동이야말로 누구에게도 보이고 싶지 않은 모습으로 누구에게도 보이지 않고 실천할 수 있는 '학의 은혜 갚기 건강법'이라고 할 수 있습니다.

또한 바로 그만둘 수 있어 매우 편리합니다. 도중에 지치거나 긴급한 연락이 왔을 때 집까지 돌아갈 필요가 없습니다.

트레드밀이라고 해서 헬스클럽에 있는 것처럼 고가일 필요는 전혀 없습니다. 걷기용이라면 수만 엔, 조깅도 가능한 것은 5~6만 엔은 합니다. 만약 6만 엔의 트레드밀을 부부가 3년간 이용한다고 하면 1인 1일당 27엔 정도로 헬스클럽을 이용하는 것보다 훨씬 싼 가격으로 원하는 만큼 운동을 즐길 수 있습니다.

집이 좁다는 이야기도 많이 하는데 다다미 1장분(약 90×180cm)의 공간만 있으면 충분히 트레드밀을 놓을 수 있고, 접는 트레드밀이라면 다 쓰고 난 뒤 접어서 벽 쪽에 수납할 수도 있습니다.

유산소 운동은 아무 때나 해도 좋지만, 특히 아침에 하면 그날 하루의 기초대사량이 올라가므로 한층 다이어트 효과가 있습니다. 또 10분씩 하는 것도 효과가 있어 틈틈이 휴식 시간에 해도 좋습니다. 매일 30분이 기본이지만 많이 걷는 사람이나 자주 몸을 움직

집에서 트레드밀을 활용하는 모습(잠옷 차림으로 텔레비전 뉴스를 보고 음악을 들으며, 동시에 독서를 하고, 양손에 장갑을 낀 채 근육 트레이닝을 하는 데다, 컴퓨터로 메일까지 확인하고, 유튜브를 보기도 하면서 걷기운동을 하는 모습입니다)

이는 직업에 종사하고 있는 사람은 좀 더 적은 시간이어도 충분합니다. 짧아도 좋으니 가능하면 걷기만이 아닌 조깅도 함께 하면 좋습니다. 조깅을 하는 사람일수록 건강하고 오래 산다는 것이 과학적으로도 밝혀졌습니다.

어쨌든 걷기나 조깅 등 유산소 운동을 매일 얼마나 계속할 수 있는가가 건강유지의 커다란 갈림길이 되므로 반드시 즐겁게 계속할 수 있는 '비법'을 만들어보세요.

• 왜 가정용 트레드밀인가? •

① 다른 일을 하면서 할 수 있어 시간을 절약할 수 있다
- 텔레비전이나 DVD를 보며 할 수 있다.
- 신문을 읽으며 할 수 있다.
- 회사의 서류도 확인할 수 있다.
- 음악이나 영어회화 등도 들을 수 있다.
- 컴퓨터로 메일 확인도 가능하다.
- 동시에 근육 트레이닝도 된다.
- 가족과 커뮤니케이션을 할 수 있다.

② 항상 할 수 있다
- 이른 아침이나 밤늦은 시간에도 할 수 있다.
- 비나 눈 등의 날씨에 상관없다.
- 춥고 더운 날씨에 상관없다.

③ 주위에 신경 쓰지 않아도 좋다
- 잠옷 차림이어도 상관없다.
- 치안에 좌우되지 않는다.
- 차에 신경 쓰지 않아도 좋다.
- 일일이 만나는 사람에게 인사하지 않아도 된다.
- 남의 눈을 의식하지 않고 괴로운 표정을 지을 수 있다.
- 실컷 땀을 흘릴 수 있다.

④ 바로 그만둘 수 있고, 다른 운동을 이어서 할 수 있다
- 업무 등의 긴급상황에 신속한 대응이 가능하다.
- 피로나 몸 상태의 변화를 느끼면 바로 그만둘 수 있다.
- 언제든지 화장실에 갈 수 있다.

⑤ 운동량이 수치화되어 표시된다
- 심박수와 스피드, 거리, 시간, 소비 칼로리 등이 수치화되므로 성취감도 높고 운동량도 파악하기 쉽다.
- 평균적인 페이스에 맞출 수 있는가로 몸 상태를 체크할 수 있다.

⑥ 계속하기 쉽다
- 바로 쉽게 할 수 있다.
- 기구가 눈에 보이므로 운동하는 것을 생각해내기 쉽다.
- 가족 모두 이용할 수 있다. Win-Win한 건강습관을 계속하기 쉽다(2장 참조).

⑦ 물건 조달이 쉽다
- 적시에 충분한 수분 보급이 가능하다.
- 에너지 보급도 용이하다.
- 읽을 책을 몇 권이라도 바꿀 수 있다.

⑧ 손잡이를 잡고 걷거나 달릴 수 있다
- 손잡이를 잡으면 보조도 되고 손잡이가 있는 곳을 바꾸면 상반신 근육의 트레이닝도 된다.
- 손잡이를 잡으면 눈을 감고도 운동할 수 있다(눈을 감고 음악을 들으며 걸으면 매우 기분이 좋다).

내 몸을 깨끗이 하는 수분 보충, 정수기 이용법

물은 우리 몸의 구성성분 중 최대인 60%(어린이는 60~80%)를 차지하고 있으며, 몸의 구석구석에 사용되고 있습니다. 따라서 좋은 물을 지속적으로 섭취하는 비법을 만드는 것은 건강에 매우 중요합니다.

최근 수분 보충을 위해 미네랄워터를 마시는 사람이 많아졌습니다. 요리에까지 미네랄워터가 쓰일 정도입니다. 확실히 페트병에 든 미네랄워터는 편리하고 몸에 좋은 듯한 이미지가 있습니다. 그러나 미네랄워터는 성분이 제각각일뿐더러 인체에 좋다는 보증은 없습니다. 미네랄워터의 수질 기준은 의외로 수돗물과 다릅니다.

예를 들면 비소 농도는 수돗물의 5배까지 허용되어 실제로 비소 농도가 꽤 높은 것도 있습니다. 음료수에 포함된 비소는 폐암과 피부암의 확실한 위험인자로 알려졌습니다.

'천연=몸에 좋다' 라는 생각은 착각에 불과합니다.

모처럼 건강을 위해 금연했는데 수분 섭취에 힘쓰다 폐암에 걸렸다는 슬픈 사연도 있습니다. 너무 한 가지 지식에만 치우치지 않도록 합시다. 물론 미네랄워터는 외출할 때 도움이 되고 500cc를 하루에 한두 병 정도 마시는 정도라면 전혀 문제되지 않습니다. 그러나 미네랄워터에만 의존하는 것은 좋지 않습니다.

그러면 미네랄워터가 아닌 차는 어떨까요? 차 역시 너무 많이 마시면 좋지 않습니다.

주변에 요로결석에 걸린 사람이 한 명 정도 있지요? 요로결석 중에서 가장 많은 것은 수산칼슘결석이라는 돌입니다. 수산(蓚酸)이라는 것은 녹차의 떫은 성분이라서 수분 보충을 위해 항상 페트병 녹차만 마신다면 수산을 과다하게 섭취하여 요로결석이 생길 가능성이 있습니다.

녹차 외에 커피나 홍차 등에도 수산은 꽤 포함되어 있습니다. 그러므로 수분 보충을 차만으로 해결하는 것은 피하는 것이 좋겠지요. 덧붙여, 마테차는 식도암의 위험인자일 가능성이 상당히 높기 때문에 마시지 않는 것이 좋습니다.

목이 말라서 맥주를 마시는 것은 논외입니다. 앞에서도 이야기했지만, 알코올의 이뇨작용으로 오히려 탈수상태가 되어 목이 더욱 마르게 됩니다. 요로결석이 생기면 맥주를 많이 마셔 소변으로 돌을 흘리라는 사람이(가끔은 의사도) 있는데, 맥주에 들어 있는 요산(尿酸)은 수산칼슘결석을 크게 키우는 작용을 해 오히려 악화될 수 있으므로 주의하세요.

역시 수분 보충은 물로 하는 것이 가장 좋습니다. 물은 정수기로 수돗물을 정화해서 마시는 것을 추천합니다. 수돗물은 지역에 따라 차이는 있겠지만 대체로 그렇게 나쁘지는 않은 편입니다.

단, 발암물질인 트리할로메탄 등이 함유되어 있을 수 있으므로 이러한 위험물질을 정수기로 제거한 후 마시는 것이 좋습니다.

> • 정수기의 훌륭한 점 •

① 안전하다
- 미네랄워터보다 수질기준이 엄한 수돗물을 이용하므로 비소 등의 유해물질이 포함되어 있을 가능성이 없고 성분의 편중도 적다.
- 트리할로메탄(Trihalomethane) 등의 유해물질도 제거할 수 있다.
- 정수기에 따라서는 살균도 가능하다.
- 마시다 만 물을 계속 마실 필요가 없어 잡균이 번식할 걱정도 없다.

② 가격이 싸다
- 매일 사용하면 미네랄워터보다 더욱 싸게 질 좋은 물을 마실 수 있다.
- 요리에 정수를 아낌없이 쓸 수 있다.
- 가습기의 물에도 정수를 이용할 수 있다.

③ 편리하다
- 일일이 사 올 필요가 없다.
- 마실 물이 떨어질 걱정이 없다.
- 언제라도 필요한 만큼 질 좋은 물을 마실 수 있다.

정수기는 어느 정도 좋은 제품을 고르는 것이 좋습니다. 그럴수록 가격도 높아지지만 매일 사용하는 것이니 생수를 사는 것보다 훨씬 쌉니다. 물은 몸을 구성하는 중요한 성분이므로 확실한 정수기를 사용해 좋은 물을 지속적으로 마시는 비법을 만들기를 권합니다.

기억력과 집중력을 회복시키는 30분 낮잠, 파워냅

일본은 세계적으로 수면시간이 짧은 나라입니다. NHK가 실시한 조사에 의하면 일본인의 수면시간은 서양의 어떤 나라보다도 짧다고 합니다. 또 후생노동성의 조사결과 성인 5명 중 1명이 수면장애를 가지고 있다고도 합니다. 수면부족은 비만이나 심장병의 원인이라는 것이 보고되었습니다. 또 수면의 질이 나쁘면 혈당치가 조절되지 않아 당뇨에 걸릴 위험도 있습니다. 게다가 수면시간이 단축되면 사망률까지 오른다는 조사결과도 있습니다. 그러므로 건강을 위해서는 잘 자야 합니다.

미국 암학회에서 30세 이상의 성인 100만 명을 대상으로 수면

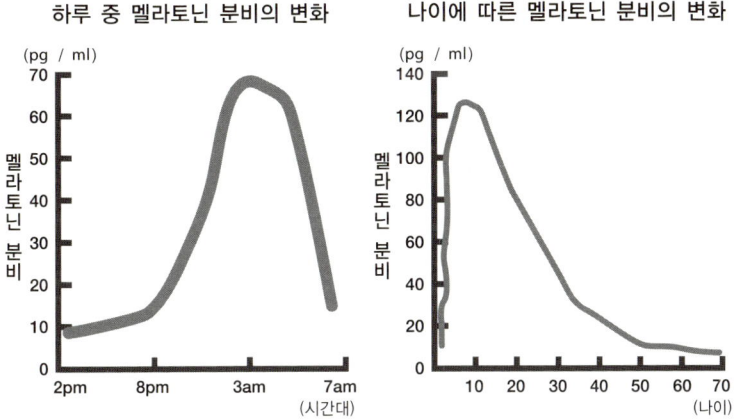

잘 자기 위해서는 멜라토닌이 필요
(Klatz R:Seven Anti-aging Secrets. Elite Sports Medicine, Chicago, 1996)

　시간과 사망률의 관계에 대해 조사했더니 사망률이 낮은 시간대는 6.5~7.5시간이라는 결과가 나왔습니다. 적절한 수면시간은 이 정도를 목표로 하는 것이 좋겠습니다.

　그리고 잘 자기 위해서는 송과체(松果體)라는 뇌내기관에서 분비되어 수면·각성리듬을 조절하는 멜라토닌(Melatonin)이라는 호르몬을 잘 이용하는 것이 포인트입니다. 사람의 생체리듬은 본래 25시간 주기인데 이 멜라토닌이 졸음을 발생시켜 생체리듬을 24시간으로 조절해주고 있습니다. 멜라토닌이 분비되어 혈중농도가 오르면 졸음이 오는데 분비량은 나이를 먹을수록 줄어듭니다. 그래서 어릴 때는 깊은 잠을 자던 사람이어도 나이를 먹으면 잠이 없어지므로 멜라토닌 분비를 가능한 한 유효하게 활용하는 '잘 자는' 비법을 세웁시다.

먼저 멜라토닌은 심야(새벽 3시경)에 많이 분비되므로 밤을 새우지 말아야 합니다. 그리고 멜라토닌은 주위가 어두워지면(조도 500럭스 이하) 분비되고, 밝아지면(2,500럭스 이상) 분비가 정지되니 침대에 들어가기 전부터 실내를 가능하면 어둡게 해놓는 것이 좋습니다. 그리고 자는 동안에는 가능한 한 침실을 어둡게 합시다.

반대로 기상 시에는 커튼을 걷거나 불을 켜서 방 안을 밝게 하면 광자극에 의해 멜라토닌 분비가 억제되어 상쾌하게 잠을 깰 수 있습니다. 비 오는 날이어도 창가에는 5,000럭스 이상의 빛이 들어와 멜라토닌 분비를 충분히 억제할 수 있습니다. 치안상 문제가 없다면 미리 아침 해가 방에 비추도록 하면 자연스럽게 일어날 수 있습니다.

그 외에도 여러 가지 '잘 자는' 비법이 있으니 잘 조합하면 매우 효과적입니다.

일단 베개는 너무 얕으면(3Cm 이하) 숙면을 취할 수 없습니다. 그리고 이불 안은 너무 따뜻하지 않게(33도가 최적) 하고, 습도는 높지 않게(55%가 최적) 하는 것이 좋습니다. 또 적정한 온도로 몸을 따뜻하게 한 후 추워지기 시작할 때 침대에 들어가는 것도 효과적입니다. 너무 뜨겁지 않은 물로 목욕한 후 몸이 식기 시작했을 때 이불에 들어가면 좋다고 합니다.

가벼운 운동 후에도 마찬가지 효과가 있는데 운동을 너무 많이 하면 교감신경이 흥분해 오히려 잠을 방해할 수 있으니 주의하세요.

자기 전에 알코올을 섭취하면 오히려 머리를 흥분시켜 역효과입니다. 술로 잠을 부르려면 꽤 대량의 알코올이 필요합니다.

또 잠자리가 나쁘거나 얕은 잠을 자면 아침이 되어도 계속 이불 속에 있고 싶은데 수면의 양이나 질을 개선하기 위해서는 오히려 아침 일찍 일어나는 것이 좋습니다. 깨어 있는 시간이 길수록 수면의 양과 질은 향상되므로 과감히 일찍 일어나 그대로 힘내서 하루를 보내면 밤에 더 좋은 수면을 취할 수 있게 됩니다. 낮잠으로 보충하려고 하면 오히려 역효과가 나므로 좋지 않습니다.

그리고 비타민 B_{12}도 멜라토닌 같은 생체리듬을 조절하므로 야

근이나 철야가 많은 분은 비타민 B₁₂를 영양제 등으로 섭취하면 좋습니다. 비타민 B₁₂는 수용성 비타민이니 많이 섭취해서 생기는 과잉증은 걱정하지 마세요.

이상을 참고해서 꼭 '잘 자는' 비법을 세워보세요.

덧붙여 30분 미만의 낮잠은 '파워냅'이라고 하여 오후의 기억력이나 집중력을 회복시키는 효과가 있습니다. 단기간의 낮잠이 알츠하이머병의 위험성을 3분의 1로 낮춘다는 연구결과도 있습니다. 단, 낮잠은 수면부족을 보충하는 것은 아니므로 너무 많이 자서는 안 됩니다. 1시간 이상 낮잠을 자면 오히려 밤 수면의 질과 양이 떨어질 가능성이 있고 알츠하이머병에 걸릴 위험성도 오히려 높아진다고 합니다.

혈관이 막히면
당신의 승진도 막힌다,
지방 조절

아사히 신문의 조사(2008년 7월 28일 조간)에 의하면 남성이 건강을 위해 그만두려고 생각하면서도 그만두지 못하는 식품 베스트 1위는 '기름진 음식(전 응답자의 35%)'이었습니다. 확실히 남성의 비만율은 상승하고 있어 몸에 지방이 쌓이는 걸 걱정해 지방의 섭취는 몸에 나쁘다고 생각하는 것입니다.

그러나 건강유지와 노화방지를 위해서 지방은 오히려 적극적으로 섭취해야 합니다. 단, 이때 섭취하는 지방의 종류에 신경 쓰는 것이 중요합니다.

건강이란 측면으로 지방을 분류하면 다음의 세 가지로 나누어집니다.

① 건강에 나쁜 지방

② 많이 섭취하면 건강에 나쁜 지방

③ 건강에 좋은 지방

'건강에 나쁜 지방'을 섭취하지 않도록 하는 한편 '건강에 좋은 지방'을 의식해서 섭취하면 동맥경화를 예방하는 고밀도(HDL) 콜레스테롤이 증가하고, 동맥경화를 촉진하는 저밀도(LDL) 콜레스테롤을 줄일 수 있습니다. '많이 섭취하면 건강에 나쁜 지방'은 소량

1 건강에 나쁜 지방
　　　　　　　　　　　　　　　많이 들어 있는 식품
　트랜스지방산 ------------------- 마가린, 쇼트닝,
　　　　　　　　　　　　　　　　커피 플래시, 패스트푸드

2 많이 섭취하면 건강에 나쁜 지방
　오메가-6지방산 (리놀산Linol Acid) ------ 홍화유*, 시판되고 있는 드레싱
　포화지방산 -------------------- 육류

　* 홍화유, '잇꽃'이라 불리는 국화과 두해살이풀의 종자를 압착법이나 용매추출법으로 채취한 기름
　　- 옮긴이

3 건강에 좋은 지방
　오메가-3지방산
　　DHA, EPA** --------------- 등푸른 생선
　　알파리놀렌산(Alpha-linolenic Acid) --- 들기름(차조기유)
　오메가-9지방산
　　올레산(Oleic Acid) ----------- 올리브유, 포도씨유, 카놀라(유채)유

　** DHA : 도코사헥사엔산(Docosahexaenoic Acid)
　　 EPA : 에이코사펜타엔산(Eicosapentaenoic Acid)

지방을 이해하는 사람이 건강해진다

이면 문제없지만, 많이 먹으면 저밀도 콜레스테롤이 증가하므로 주의가 필요한 지방입니다.

그러면 '건강에 나쁜 지방'은 무엇일까요? 이미 앞에서도 몇 번이나 언급한 트랜스지방산입니다.

트랜스지방산은 액체 상태인 식물성 기름을 고형 혹은 반고형으로 가공하는 과정에서(마가린이나 쇼트닝으로 가공할 때 등) 많이 발생하는데 동물성 지방을 가열할 때(고기나 생선을 구울 때)에도 발생합니다.

트랜스지방산은 저밀도 콜레스테롤을 증가시켜 동맥경화를 촉진하는 매우 위험한 지방으로 이미 독일에서는 트랜스지방산이 들어간 마가린은 발매가 금지되었습니다. 뉴욕에서도 트랜스지방산이 포함된 식품의 판매는 금지되어 있습니다. 최근에는 캘리포니아 주에서도 아놀드 슈워제네거 지사가 음식점에서 트랜스지방산이 들어간 식품을 추방하는 법안에 서명했습니다. 그러나 일본에는 아직 이러한 법안이 없으므로 스스로 트랜스지방산을 섭취하지 않도록 주의해야 합니다.

마가린이 모두 나쁜 건 아니고 트랜스지방산이 적은 고이와이 (小岩井, 100여 년의 역사를 자랑하는 일본의 민간 운영 종합목장. 낙농·산림·관광사업을 한다 – 옮긴이) 마가린 등도 있고 트랜스지방산을 적극적으로 줄인 트랜스팻프리 마가린도 있습니다. 한편 버터에도 트랜스지방산이 많이 포함되어 있는 것도 있습니다.

쇼트닝은 시판되는 과자에 바삭바삭한 느낌을 내기 위해 사용되고 있으니 주의하지 않으면 3시의 간식 때마다 동맥경화를 촉진할 가능성이 있습니다. 또 서양과자뿐 아니라 전통과자(예를 들면 오키나와 전통 과자인 친스코 등)에도 쇼트닝이 사용되니 먹기 전에 성분

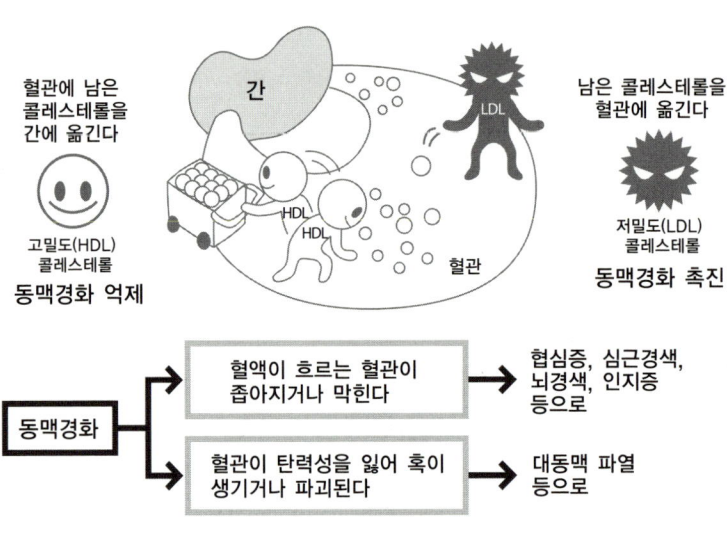

동맥경화가 일어나는 메커니즘

표를 잘 확인합시다.

　식물성 유지로 만든 커피 플래시도 트랜스지방산을 많이 포함하고 있어 차라리 우유를 커피에 첨가하는 것이 좋습니다. 사실 두유가 가장 좋지만 차게 식힌 두유를 갓 끓인 뜨거운 커피에 넣으면 응고됩니다.

　트랜스지방산은 패스트푸드의 기름에도 많이 포함되어 있어 감자칩이나 치킨을 더욱 바삭하게 합니다. 그러나 미국의 맥도날드나 켄터키프라이드치킨에서 트랜스지방산이 많은 기름의 사용을 금하는 등 최근 트랜스지방산이 문제되기 시작하여 패스트푸드점에서도 기름을 바꾸기 시작했습니다. 이 때문에 감자칩이 예전보다 덜 바삭거리지만 건강을 위해서는 좋은 일이라고 생각합니다.

　'많이 섭취하면 건강에 나쁜 지방'의 대표는 리놀산입니다.
　리놀산은 우리몸에 꼭 필요한 필수지방산의 하나로 저밀도 콜레스테롤을 줄이고 고밀도 콜레스테롤을 늘리는 작용을 한다고 알려져 한때 매우 유행했었습니다. 그러나 그 후의 연구에서 리놀산을 많이 섭취하면 오히려 저밀도 콜레스테롤이 증가해 심장병 위험도가 높아진다는 것이 알려져 '리놀산 신화'가 붕괴한 역사가 있습니다. 사실 리놀산은 많은 식품에 들어 있으니 일부러 의식해서 섭취할 필요는 없습니다.

고기 기름인 포화지방산도 많이 섭취하면 저밀도 콜레스테롤이 증가하고 체지방도 늘어납니다.

많은 노화연구의 대가들이 '장수하는 사람은 혈관이 깨끗하다.'고 이야기합니다. 확실히 동맥경화가 진행되면 심근경색이나 뇌경색 등의 질병에 걸리기 쉬워지니 혈관이 깨끗한 사람이 오래 산다는 것은 의심할 여지가 없습니다. 그러므로 혈관을 맑게 유지하기 위해 '좋은 기름을 섭취하는' 비법을 일상에서 실천해 혈중 고밀도 콜레스테롤을 늘려 혈관 벽에 붙어 있는 여분의 저밀도 콜레스테롤을 제거합시다.

이를 위해서는 간단하게 집에서 올리브유, 포도씨유, 카놀라유, 들기름을 사용하면 좋습니다.

올리브유, 포도씨유, 카놀라유의 3가지 기름은 화학적 구조에서 오메가-9지방산에 분류되는 올레인산이 풍부하며, 들기름은 오메가-3지방산인 알파리놀렌산이 풍부해 혈중 고밀도 콜레스테롤을 늘리고 저밀도 콜레스테롤을 줄이는 작용을 합니다.

올리브유는 이미 많은 요리에 이용되고 있는데 빵을 찍어 먹는 건 어떨까요? 그렇게 하면 지속적으로 좋은 지방을 섭취할 수 있고 마가린이나 버터에서 발생하는 트랜스지방산과 여분의 포화지방산 섭취도 피할 수 있습니다. 포도씨유는 이름대로 포도의 씨에서 추출한 기름으로 올리브유보다 부드럽게 넘어가니 샐러드 등에 뿌려서 먹으면 좋습니다.

또 튀김이나 볶음요리를 할 때 쓰는 식물성 기름은 카놀라유(채종유)를 쓰면 좋습니다.

들기름에 많이 들어 있는 알파리놀렌산은 앞의 3가지 기름과는 구조가 조금 달라 등푸른생선에 많이 들어 있는 '좋은 지방'인 DHA나 EPA 같은 오메가-3지방산으로 분류됩니다. 등푸른생선을 잘 먹지 못하는 사람은 들기름으로 오메가-3지방산을 섭취하는 것을 권합니다. 들기름은 산화하기 쉬우므로 드레싱 등으로 가능한 한 가열하지 말고 섭취하세요.

꼭 이들 좋은 기름을 잘 섭취해서 혈관과 몸을 젊게 유지하기 바랍니다.

단, 아무리 좋은 기름이라도 과잉 섭취하면 당연히 칼로리가 넘치게 되니 그 점은 주의하세요.

나이를 먹어도 빛을 잃지 않는 비법, 근육 강화

　나이가 들면 어째서 살이 찌고 노인 같은 체형과 걸음걸이가 되는 걸까요? 나이가 들면 전신의 근육이 위축하는 것이 커다란 원인 중 하나입니다. 그리고 에너지를 소비하는 근육이 위축되면 남은 에너지원은 지방으로 쌓여 중년 비만으로 연결되는 것입니다. 또 근육이 위축되기 때문에 체형이 늘어지고 보폭도 좁아져 노인 걸음걸이가 됩니다.

　근육은 속근(速筋)과 지근(遲筋)의 두 종류가 있습니다. 속근은 기민성과 순발력에, 지근은 지구력에 관여하는데 나이가 들면 특히 속근이 위축되어 젊을 때처럼 속도감 있는 활발한 움직임이 차츰 없어집니다.

근육은 보통의 일상생활을 하더라도 1년에 1%씩 위축됩니다. 게다가 병으로 누워 있다면 2일에 1%나 위축해버립니다.

걷기운동조차 항상 무리 없을 정도로만 하면 점점 근육이 위축되어 걸을 수 없고 마침내 일어나지 못하게 될지도 모른다는 것은 이미 2장에서 이야기했습니다.

근육 위축을 막기 위해서는 가끔 근육에 최대근력의 30% 전후로 힘을 내야 하고, 또 이미 위축하고 있는 근육을 이전의 상태로 되돌리려면 40% 정도의 부하를 주어야 합니다.

그러기 위해서는 근육 트레이닝이 가장 좋습니다.

근육 트레이닝으로 근육을 단련하면,
① 젊은 체형과
② 기민한 행동이 유지될 뿐 아니라
③ 기초대사량이 올라 날씬한 몸을 유지할 수 있습니다.

만약 근육을 1kg 늘리면 가만히 있어도 하루에 35Kcal를 더 소비할 수 있게 됩니다. 이것은 350ml 맥주 2캔 이상의 칼로리에 해당해 20일 동안 1kg의 체지방을 연소하는 것이 됩니다.

그 외에도 근육 트레이닝을 하면,

④ 성장호르몬 등 젊음을 유지하는 호르몬 분비가 유지되거나

⑤ 골다공증을 예방할 수 있으며,

⑥ 부종도 경감됩니다.

나이를 먹어도 빛을 잃지 않는 사람의 일상을 조사해보면, 평소에 복근운동이나 스쾃(Squat) 등 근육 트레이닝을 하는 사람이 많았습니다. 꼭 평소에 근육 트레이닝을 해서 '노화하지 않는' 비법을 실천합시다. 근육 트레이닝이라고 해서 운동선수가 하는 과격한 트레이닝을 말하는 건 아닙니다.

근육 트레이닝은 절대로 당신을 배신하지 않습니다. 남녀를 불문하고 아무리 고령이라도 트레이닝을 하면 할수록 근육은 착실히 만들어집니다. 그러면 집이나 회사에서 간단히 할 수 있는 근육 트레이닝법을 소개하겠습니다.

간단히 할 수 있는
근육 트레이닝 베스트 3

근육은 붙기 쉬운 부위에 생깁니다. 그 장소는 가슴, 배, 다리입니다. 이곳에 근육을 만들기 위해서는 다음의 3가지 운동을 하면 좋습니다.

① 팔굽혀펴기

② 복근운동

③ 하프스쾃(Half Squat)

모두 16회(천천히 반복할 경우엔 8회)를 한 세트로 해서 하루에 2세트씩 합니다. 단, 처음 1주간은 무리하지 말고 1세트씩으로 충분합니다.

① **팔굽혀펴기**

팔굽혀펴기는 팔의 근육을 단련하는 훌륭한 운동입니다. 무릎을 붙이고 바닥과 배 사이에 쿠션을 넣어 부하를 줄여서 해도 효과가 있습니다.

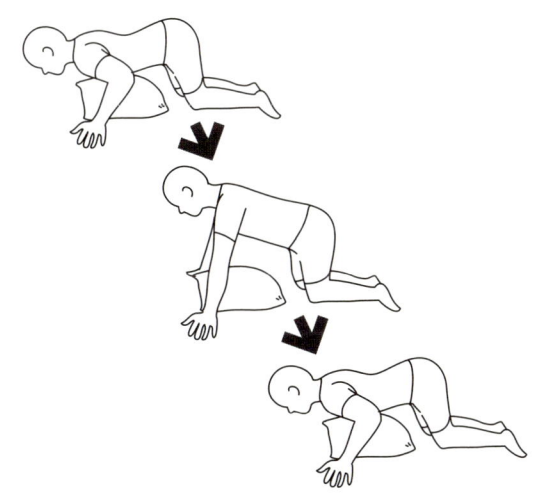

② 복근운동

바닥과 등 사이에 쿠션을 넣고 해도 괜찮습니다.

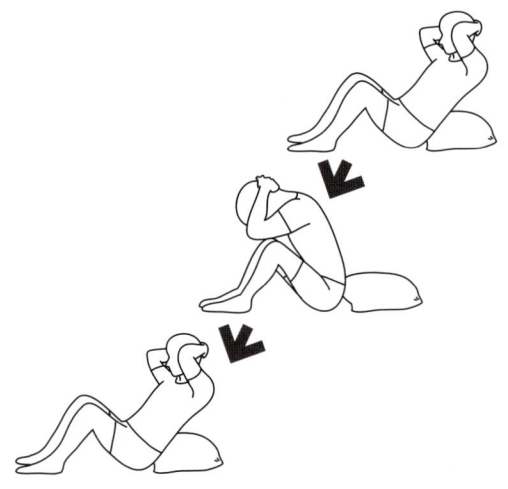

③ 하프스쾃

먼저 허리에 손을 얹고 다리를 어깨 넓이로 가볍게 벌립니다.

다음으로 쪼그려 앉는데 그때 무릎이 발가락 끝보다 앞으로 나오지 않도록, 또 안짱다리가 되지 않도록(위에서 보아 넓적다리와 발의 라인이 평행이 되도록) 주의하세요.

그리고 엉덩이를 뒤로 내밀고 마치 의자에 앉으려고 하는 것 같은 자세를 취한 후 원래의 자세로 돌아갑니다.

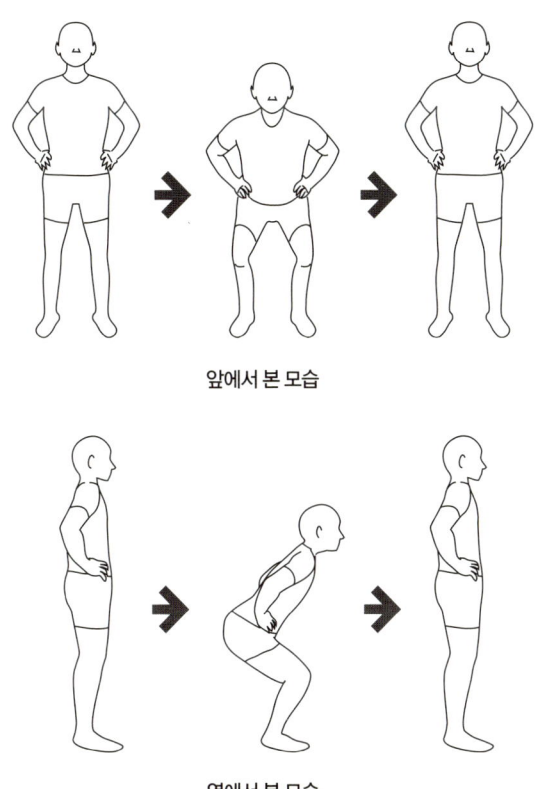

앞에서 본 모습

옆에서 본 모습

사무실에서 할 수 있는 근육 트레이닝

일이 바빠 집에서 근육 트레이닝을 할 시간이 없는 사람은 회사에서 휴식 시간에 다음과 같은 방법으로 운동을 하면 집에서 하는 것과 같은 효과를 볼 수 있습니다.

① 벽 짚고 팔굽혀펴기, 책상 짚고 팔굽혀펴기

벽 또는 책상에 팔꿈치를 펼치고 손바닥을 짚고 서서 보통 팔굽혀펴기와 같은 방법으로 합니다.

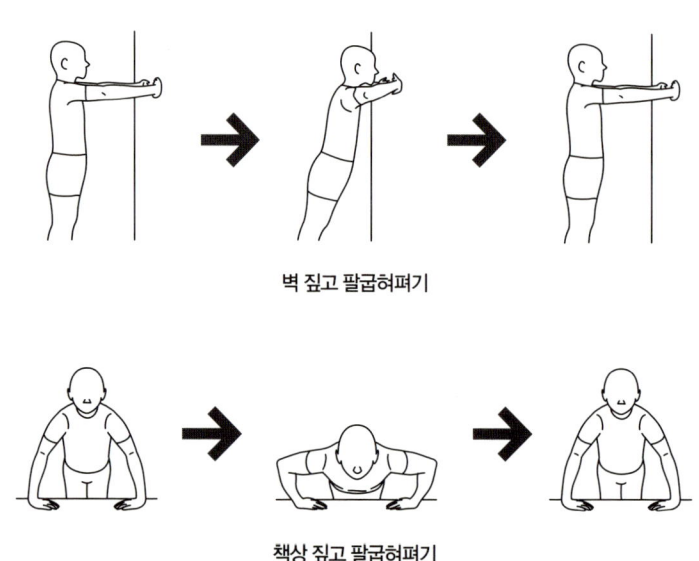

벽 짚고 팔굽혀펴기

책상 짚고 팔굽혀펴기

② 의자 복근운동

먼저 엉덩이를 의자에 걸쳐 앉아 상체를 뒤쪽으로 젖히고 등받이에 등을 기댑니다. 그 자세에서 등을 조금 떨어뜨리고 멈추면 복근운동이 됩니다. 그 후에 천천히 상체를 일으키세요(이때 위는 보지 말고 몸을 둥글게 합니다).

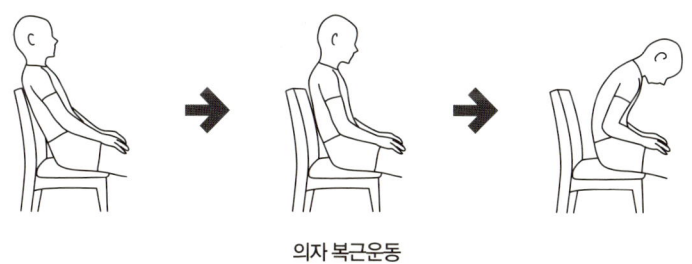

의자 복근운동

③ 하프스쾃

의자에서 일어선 자세에서 좁전의 '하프스쾃'을 행합니다. 쪼그린 상태에서 엉덩이가 의자에 가볍게 닿으면 선 자세로 돌아갑니다.

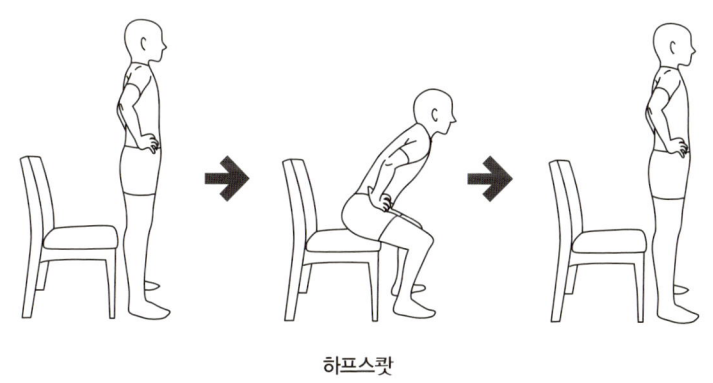

하프스쾃

또 근육을 유지하려면 단백질과 아미노산을 섭취합시다.

종종 BCAA(Branched Chain Amino Acid : 분기쇄 아미노산)를 먹

으면 살이 빠진다는 이야기를 듣는데, 운동을 함께하지 않고 먹으면 효과는 없습니다. 자기 전에 먹는 것만으로 살을 뺄 수 있다는 것은 거짓말입니다. 또한 근육의 근원인 BCAA를 근육 트레이닝 전이나 후에 먹으면 근육 피로가 줄어들 수 있습니다.

TEST PAGE

30초 의자 일어서기로 알아보는 근육노화도 테스트

이것은 덴리 대학 체육학부 체력학연구실 나카타니 도시아키[中谷敏昭] 교수와 오사카 교육대학 운동생리학 연구실 미무라 간이치[三村寛一] 교수의 공동연구에 의해 개발된 하지근력평가법으로 30초 동안 의자에서 몇 번 일어설 수 있느냐에 따라 다리 속근의 위축도를 알 수 있습니다.

성별, 연령별 기준치가 있으니 꼭 시도해보세요. '뒤떨어진다'는 결과가 나와도 지금부터 근육 트레이닝을 시작하면 천천히 성적이 향상될 수 있습니다. 테스트는 굽 낮은 신발을 신거나 맨발로 하세요.

30초 동안 몇 번이나 할 수 있었습니까? 이 테스트로 당신의 근육노화도를 평가해보세요.

평가 점수는 뒷쪽의 표를 확인하세요.

① 먼저, 의자 가운데보다 조금 앞쪽에 앉아 상체를 10도 정도 앞으로 구부립니다.
② 양 무릎은 주먹 하나가 들어갈 만큼 벌립니다.
③ 발바닥을 바닥에 붙이고 뒤꿈치를 조금 듭니다(뒤꿈치를 들지 않으면 일어서기 어렵습니다).
④ 양손은 팔짱을 끼고 가슴에 붙입니다.
⑤ '준비, 시작'을 구호로 양 무릎이 완전히 펴질 때까지 일어섰다 재빨리 앉은 자세로 돌아가는 것을 반복합니다.

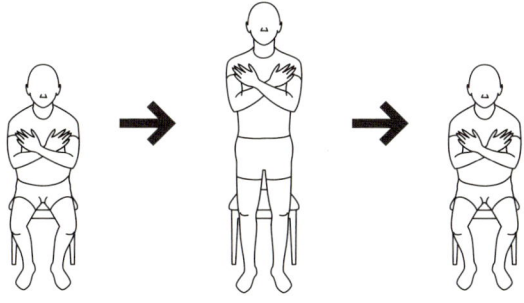

30초 의자 일어서기 테스트 방법

TEST PAGE

30초 의자 일어서기 테스트 결과 평가점수

남성

연령	횟수				
	훌륭하다 5	조금 훌륭하다 4	보통 3	조금 뒤떨어진다 2	뒤떨어진다 1
20~29세	38 이상	37~33	32~28	27~23	22 이하
30~39세	37 이상	36~31	30~26	25~21	20 이하
40~49세	36 이상	35~30	29~25	24~20	19 이하
50~59세	32 이상	31~28	27~22	21~18	17 이하
60~64세	32 이상	31~26	25~20	19~14	13 이하
65~69세	26 이상	25~22	21~18	17~14	13 이하
70~74세	25 이상	24~21	20~16	15~12	11 이하
75~79세	22 이상	21~18	17~15	14~11	10 이하
80세 이상	20 이상	19~17	16~14	13~10	9 이하

여성

연령	횟수				
	훌륭하다 5	조금 훌륭하다 4	보통 3	조금 뒤떨어진다 2	뒤떨어진다 1
20~29세	35 이상	34~29	28~23	22~18	17 이하
30~39세	34 이상	33~29	28~24	23~18	17 이하
40~49세	34 이상	33~28	27~23	22~17	16 이하
50~59세	30 이상	29~25	24~20	19~16	15 이하
60~64세	29 이상	28~24	23~19	18~14	13 이하
65~69세	27 이상	26~22	21~17	16~12	11 이하
70~74세	24 이상	23~20	19~15	14~10	9 이하
75~79세	22 이상	21~18	17~13	12~9	8 이하
80세 이상	20 이상	19~17	16~13	12~9	8 이하

Health Up 칼럼
흡연 · 과식 · 과음을 끊을 수 없는 사람을 위한 간단한 장치

흡연, 과식, 과음을 멈출 수 없는 이유는 다음과 같습니다.

① 몸에 해롭다는 사실을 충분히 이해하고 있지 않다.
② 지금은 건강에 지장을 주지 않고 있다.
③ 간단히 실행할 수 있다.
④ 만족감을 얻을 수 있다.

따라서 그만두는 방법으로 다음과 같은 것을 생각할 수 있습니다.

① 구체적으로 어떻게 해로운지에 대해 자세히 공부한다.
② 건강검진 등을 받아 이미 건강에 지장이 있다는 걸 깨닫는다.
③ 간단하게 실행할 수 없도록 한다.
④ 실행해도 만족감을 얻을 수 없도록 장치를 고안한다.

이들 중 ①~③은 노력과 근성이 어느 정도 필요한 것입니다. 그리고 이 대책은 이미 세상에 나와 있는 많은 건강책에 반복해서 자세히 쓰여 있으므로 여기서는 다른 책에서 언급하고 있지 않은 ④의 '삼욕추방 장치'에 대해 소개하겠습니다.

흡연

담배를 피워도 맛있다고 느끼지 않는 장치를 생각하면 좋습니다. 대표적인 것은 니코틴 패치로 이것을 사용하면 2배의 금연효과가 있습니다. 최근엔 약국에서도 구입할 수 있습니다. 피부에서 니코틴을 흡수하여 담배를 피워도 맛을 느낄 수 없도록 한 구조인데 결점은 근본적인 니코틴 의존이 해소되지 않는다는 점입니다.

니코틴 패치의 결점을 보완하는 형태로 2008년 5월에 발매된 것이 '바레니클린(Varenicline, 상품명 : 챔픽스/파이저 사)'입니다. 바레니클린은 몸에서 니코틴이 결합하는 니코틴 수용체(Nico-tine Receptor)에 니코틴 대신 붙는데 실제 니코틴이 붙을 때처럼 뇌에서 도파민을 분비하게 합니다. 복용하면 담배를 피울 때와 같은 만족감을 얻을 수 있어 담배를 피워도 맛있게 느껴지지 않는 장치입니다.

 바레니클린은 내복약이고 의료기관에서만 처방받을 수 있으며, 금연지도를 하는 의료기관에서만 보험적용이 되는 등 구입하기 조금 어렵지만, 지금까지 출시된 것 중 가장 높은 금연율(성공률 70% 이상)을 실현한 획기적인 금연보조제입니다.

 바레니클린은 금연을 시작하기 1주일 전부터 먹기 시작해 12주가 지나면 복용을 중지합니다.

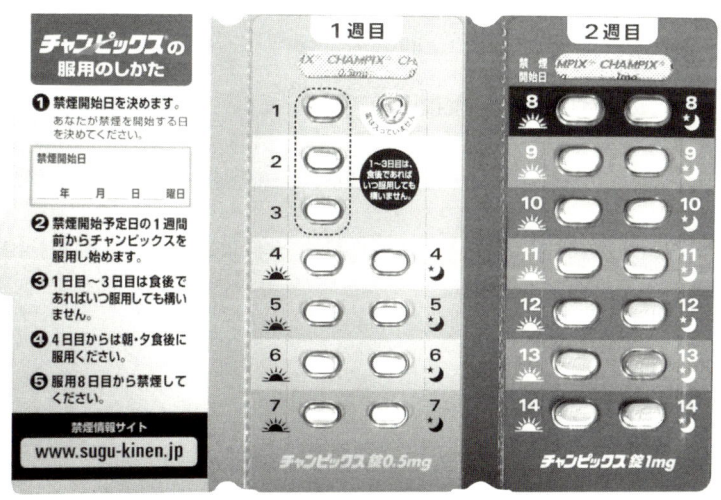

금연 장치 바레니클린

과식과 과음

과식 때문에 괴로울 때 '마진돌(Mazindol, 품명 : 사노렉스/노바르티스파마 사)'이라는 약을 이용해보는 것은 어떨까요? 마진돌은 식욕을 억제해 과식을 막는 장치입니다. 과식을 멈출 수 없는 고도비만(BMI≧35)인 경우에 해당합니다. 이것도 바레니클린처럼 의료기관에서만 처방 가능하기 때문에 도저히 과식을 멈출 수 없을 때엔 의사와 상담해보세요.

또 알코올 의존을 끊을 수 없을 때엔 '디슐피람(Disulfiram, 상품명 : 노크빈/다나베미쓰비시 제약)'이라는 약이 있습니다. 디슐피람은 알코올이 체내에서 대사되어 생기는 아세트알데히드의 분해를 억제해 술을 마시기 시작하면 단기간에 숙취상태가 됩니다. 그 때문에 술을 마셔도 맛있게 느껴지지 않아 과음을 그만두게 하는 장치입니다. 역시 의료기관에서 처방받아야 합니다.

당연한 이야기지만 이것들은 약품이므로 부작용이 생길 수 있습니다. 또 바르게 사용하지 않으면 위험합니다. 그러므로 쉽고 빠르게 효과를 볼 수 있다고 이 같은 장치에 의존하는 것은 좋지 않습니다. 먼저 자신의 힘으로 그만둘 수 있도록 합시다. 그러나 아무리 노력해도 끊을 수 없어 그 결과 지금의 생활과 건강에 상당한 지장이 있다면 의사에게 상담을 받고 '장치'를 이용하는 것이 좋습니다.

▶ Chapter 4 정리　　s　u　m　m　a　r　y

1. 채소, 과일을 가볍게 매일 먹는 비법을 만들자.
2. 매일 아침, 집에서 만든 건강 빵을 먹자.
3. 매일 30분간 유산소 운동을 계속하는 비법을 만들자.
4. 몸의 60%를 구성하는 물에 신경을 쓰자.
5. 수면이 부족하면 숙면을 취할 수 있는 궁리를 하자.
6. 좋은 기름으로 젊음을 유지하자.
7. 의식해서 단백질을 섭취하자.
8. 근육 트레이닝으로 노화를 방지하자.
9. 흡연·과식·과음을 그만둘 수 없을 땐 장치를 이용하자.

Chapter 5

일 잘하는 사람의 두뇌 관리법

머리도 사용하지 않으면 서서히 녹슬어갑니다. 최근의 케임브리지 대학의 연구에서
인지증(가벼운 것도 포함)이 발병하면 남은 인생은 평균 4.5년이라는 충격적인 결과가 나왔습니다.
이처럼 '뇌를 살리는' 것은 전신의 건강에도 직결되어 있습니다. 그러니 인생을 더욱 즐기기 위해서도
지금부터 이야기할 '뇌를 살리는' 건강법으로 머리를 한층 맑게 해주세요.

HEALTH HACKS

'두뇌의 힘'을 최상으로 유지하는 법

예전에는 '성인이 되면 뇌세포는 줄어갈 뿐'이라고 생각했지만, 1998년 성인의 뇌에도 신경간세포라는 세포에서 새로운 뇌세포가 생겨난다는 것이 밝혀졌습니다.

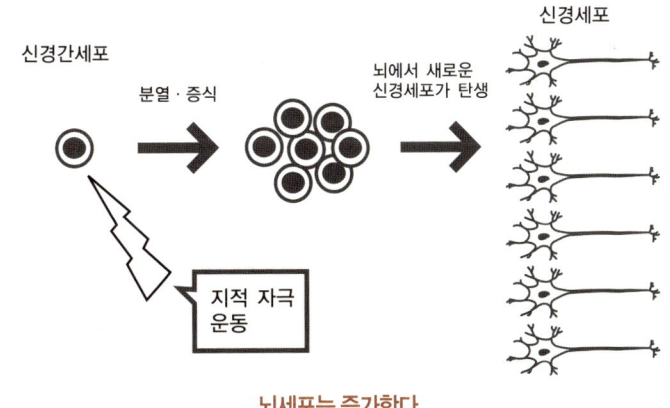

뇌세포는 증가한다

그래서 어떻게 새로운 뇌세포가 탄생되는지 동물을 통해 연구한 결과, 머리를 쓰는 것 같은 지적자극을 주거나 운동을 하면 신경간 세포가 분열하여 뇌세포가 늘어난다는 것이 알려졌습니다.

인간도 이와 비슷합니다. 즉, 독서나 머리를 쓰는 게임, 악기 연주, 조사연구 등으로 뇌에 매일 지적자극을 보내는 사람은 인지증에 잘 걸리지 않고 판단력과 이해력이 유지되어 새로운 것을 잘 기억한다는 것입니다.

그럼 닌텐도 위(Will) 등의 게임을 하면 효과가 있을까요? 멍하니 수동적으로 텔레비전을 바라보는 것보다 뇌에 상당히 능동적인 자극을 줄 것이라고 생각할 수 있을 것입니다. 실제로 미국 오하이오 주립대학 의료센터에서 뇌나 척수 손상 환자들의 회복에 닌텐도 위를 사용하고 있는데, 밸런스 감각과 몸의 각 부분의 협조성 회복에 도움된다고 합니다.

또 운동은 인지증의 위험을 줄일 가능성이 있다고 알려졌으며, 평소에 보행거리가 길고 보행 속도가 빠른 사람일수록 인지증 위험성이 줄어든다는 결과가 나왔습니다.

그래서 추천하는 것이 '조금 힘든' 걷기입니다.

이는 '조금 힘든 정도'로 운동을 하라는 뜻입니다. 즉, 평소보다 넓적다리를 더 벌려 속도를 내서 걸으면 보행에 필요한 근육, 특히 속근의 위축을 막고 나이가 들면서 나타나는 보행속도 저하를 막습니다. 그렇게 해서 인지증의 확률을 낮추는 것입니다.

단, 걷는 동안 계속 조금 힘들 필요는 없습니다. 속근 훈련은 짧은 시간에도 효과가 있으므로 30분간 걸을 때 10분만 '조금 힘든' 걷기를 하면 충분합니다. 그리고 여기에 4장에서 소개한 근육 트레이닝을 더하면 완벽합니다.

아직 인지증의 걱정은 없다고 해도 가벼운 운동보다 조금 부하가 걸리는 운동이 사망률을 낮춘다는 연구결과도 있으니 지금부터 '조금 힘든' 운동을 하면 좋겠습니다.

'조금 힘든' 운동이 사망률을 낮추는 이유는 그만큼 칼로리를 소비하여 생활습관병에서 멀어지고 심폐기능이 단련되기도 하지만, 적정한 산소 소비로 몸의 활성산소 제거능력을 더욱 강하게 하기 때문은 아닐까 추측하고 있습니다.

단, 너무 괴롭게 하지는 마세요.

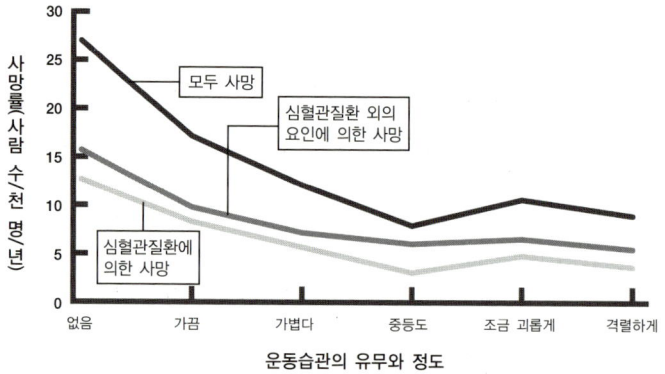

중등도의 운동이 사망률을 낮춘다

　위의 표를 보세요. 운동도 너무 격렬하게 하면(예를 들면 빈번한 걷기에 자전거타기, 달리기, 테니스 등의 스포츠를 함께 하면) 오히려 사망률이 높아질 가능성이 있습니다.

　너무 격렬한 운동을 하면 심장 등 중요한 장기에 부담을 주고 과다한 산화스트레스가 발생해 오히려 건강에 좋지 않습니다. 최근에는 중년기의 생활안정과 BMI의 증가가 장래 인지증에 걸릴 위험을 증가시킬 가능성이 있다는 연구결과도 보고되었습니다. 지금부터 운동으로 비만을 예방하고 뇌를 살려두세요.

커피는
비상식적인 건강법일까?

'커피는 몸에 좋지 않다.'는 말이 많습니다. 확실히 여러 건강 책에도 커피는 건강에 좋지 않다고 쓰여 있습니다. 커피에 들어 있는 카페인이 신경을 흥분시킨다는 위험한 이미지가 있기 때문입니다. 그러나 이것은 어디까지나 과학적 근거로서는 주관적인 견해에 지나지 않습니다.

커피를 건강의 적으로 할 만큼의 명확한 근거는 없습니다. 오히려 커피는 건강에 도움이 된다는 연구결과가 계속 나오고 있습니다. 예를 들면 2008년 미국내과학회지에 발표된 역학조사결과에서도 커피를 마시면 건강을 해쳐 사망률이 높아지는 일은 없고,

오히려 사망률과 심질환 발병을 줄일 가능성이 있다고 합니다. 커피가 심질환 발병을 막는 것을 시사하는 보고는 이외에도 많이 있습니다.

또, 커피에는 당대사를 개선하여 당뇨병을 예방하거나 개선하는 작용이 있는 것도 알려졌습니다. 이는 커피에 들어 있는 마그네슘이나 피토케미컬인 클로로겐산(Chlorogenic Acid)의 작용에 의한 것은 아닐까 추측하고 있습니다.

핀란드 국립위생연구소의 조사에 의하면 커피를 하루에 3~4잔 마시는 사람의 2형(성인형) 당뇨병 발병률은 전혀 마시지 않는 사람에 비해 30% 가까이 낮고, 게다가 하루에 10잔 이상 마시는 사람은 여성 79%, 남성 55%나 발병률이 낮아진다고 합니다.

커피가 간에 좋다는 것을 밝힌 연구도 많아 알코올성 간경변을 예방하고 간암의 위험을 낮춘다는 연구보고도 있습니다. 후생노동성 국립암센터 예방연구소에서 약 10년에 걸쳐 9만 명을 대상으로 실시한 대규모 조사에 의하면, 커피를 거의 마시지 않은 사람의 간암 발병률을 1.0으로 했을 때 매일 1~2잔 마신 사람과 매일 3~4잔 마신 사람의 발병률은 각각 0.52와 0.48로, 매일 5잔 이상 마신 사람의 발병률은 0.24로 내려갔습니다.

게다가 커피는 뇌에도 좋은 작용을 한다는 연구보고도 많이 있습니다. 예를 들면 커피는 뇌경색을 예방한다고 합니다. 이는 커피에 들어 있는 항산화물질의 작용 때문입니다. 또 커피가 인지증을 예방한다는 보고도 있습니다. 신경계의 난치병으로 인지증의 원인이기도 한 파킨슨병을 예방할 가능성도 있다고 합니다.

최근에는 커피에 포함된 카페인에 기억력 증강 효과가 있을지 모른다는 것을 홋카이도 대학의 연구그룹이 발견해 미국 과학아카데미 논문집 같은 일류 과학잡지에 발표했습니다. 이미 커피는 일과 공부의 효율을 높인다고 여겨져 많은 직장인이 즐겨 마시고 있는데 그 과학적인 근거가 속속 증명되고 있는 것입니다.

또 카페인이 뇌를 활성화해 고령자의 행동력 저하를 예방한다는 대규모 조사결과도 있습니다.

따라서 커피는 마시는 것이 좋다고 생각합니다.

위에 설명한 것처럼 커피의 효과는 한층 확실한데, 사람에 따라 카페인 과잉으로 심장이 뛰는 증상이 나타날 수 있으므로 일단 주의해야합니다. 어떤 커피가 건강이나 뇌의 활성화에 가장 좋은지 나타내는 유력한 데이터는 아직 없으니 일단 자신이 좋아하는 커피를 고르면 좋다고 생각합니다.

커피는 다이어트에도 효과가 있다는 결과도 있습니다. 커피 다이어트의 효과를 검토한 서양의 연구보고도 있습니다. 여러 연구에 의하면 커피 안에 들어 있는 클로로겐산이 대사를 촉진하여 다이어트에 도움이 된다고 합니다. 단, 어디까지나 수개월 이상의 장기적인 섭취로 인정된 변화이니 한두 번으로 이러한 효과는 기대할 수는 없습니다.

1. 커피의 작용
- 사망률과 심장병 위험을 낮출 가능성이 있다(커피가 건강을 해쳐 사망률이 오른다는 근거는 없다).
- 당대사를 개선해 성인형 당뇨병을 예방한다.
- 간 기능을 개선해 간암의 위험을 줄인다.
- 다이어트 효과도 있다.

2. 커피가 뇌에 미치는 작용
- 뇌경색을 예방할 가능성이 있다.
- 인지증을 예방할 가능성이 있다.
- 기억력을 증강할 가능성이 있다.
- 행동력 저하를 예방할 가능성이 있다.

업무에 집중할 수 없는 여성을 위한 스위트 스폿, 철분

현재 여성의 사회진출은 두드러진 현상으로 앞으로 비즈니스에서 여성의 역할은 점점 중요해질 것입니다. 이처럼 중요한 때에 여성이 항상 주의하여야 하는 것이 철분결핍입니다.

철분결핍은 남성보다 여성에게 압도적으로 많습니다.

현재 일본 여성의 약 10%가 철분결핍성 빈혈입니다. 그리고 빈혈은 아니지만 약 40%가 철분결핍 상태여서 50%의 여성은 철분이 충분치 못한 상황입니다. 철분결핍성 빈혈은 뇌를 포함한 전신에 산소를 충분히 공급하지 못해 심장이 뛰고 숨이 차올라 의욕과 집중력, 학습능력과 작업효율을 떨어뜨립니다. 그 결과 중요한 때

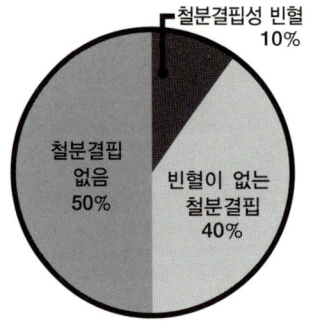

일본 여성은 철분결핍이 많다

에 버티기 힘들거나 일이 생각대로 진행되지 않기도 합니다.

   빈혈은 없지만 몸 안의 철이 부족하면 학습능력이나 기억력이 저하된다는 조사결과도 있습니다. 뇌도 철이 필요하기 때문입니다. 따라서 의욕과 집중력이 부족하고 회사 일이나 자격시험 공부가 마음먹은 대로 되지 않는다면 철분결핍일 가능성도 의심해봐야 합니다. 자신의 철분 저장량 상태를 한번 체크해보면 좋겠지요? 철분 저장량은 혈중 철분 농도가 아니라 페리틴(Ferritin)이라는 저장철의 지표로 판정합니다(철분결핍이 의심될 경우에는 반드시 체크합니다).

   또 철분결핍의 독특한 증상으로 빙식증(氷食症)이 있습니다. 만약 당신이 여성이고 여름이 아닌데도 자주 얼음을 갉아먹고 싶다면 철분결핍이 틀림없습니다. 그리고 이식증(異食症, Pica)이라고 해서 이상한 것(예를 들면 벽토 등)을 먹으려는 사람도 있습니다. 또 손톱이 스푼처럼 휘는 스푼형 손톱이나 목의 점막이 위축되어 음식물이 잘 넘어가지 않는 플러머 빈슨 증후군이 나타날 수 있습니다.

만성적인 철분결핍이 계속되면 몸이 그 상태에 익숙해 자각증상이 거의 없을 수도 있습니다. 그러나 그런 경우에도 철분을 보충하면 몸 상태가 좋아집니다. 그러므로 철분이 부족한 분은 꼭 섭취하세요.

해조류(김이나 녹미채 등)나 푸른 채소(시금치나 파슬리 등)에 포함되어 있는 철분은 비헴철(Nonheme Iron)이어서 몸에는 거의 흡수되지 않습니다. 그러나 간이나 고기 등 동물성 식품의 철분은 헴철이라서 잘 흡수되지만 건강을 위해선 너무 많이 먹을 수도 없습니다. 이때 건강식품을 이용하는 것도 좋은 방법입니다. 또 비타민 C를 함께 먹으면 철분 흡수가 잘 되니 비타민 C가 많이 들어 있는 식품도 꼭 함께 챙겨 먹도록 하세요.

식품만으로 철분을 보충하기 어려운 경우엔 의료기관에서 철분 영양제를 처방받으세요. 조금 귀찮기도 하고 다소 지출은 있지만, 빈혈을 치료하여 머리가 맑아지고 공부와 일의 능률도 오른다면 간단하고 싼 투자입니다.

전에 근무했던 의학부의 한 여학생이 공부에 통 집중이 되지 않는다며 검진을 받은 적이 있습니다. 채혈검사를 해보니 빈혈이 심해 식이요법과 함께 철분 영양제를 처방했습니다. 그 결과 바로 빈혈은 사라지고 머리가 맑아져 의욕도 향상되었습니다. 공부에도 열중할 수 있어 나중에 수석으로 졸업했다는 이야기를 들었습니다. 이처럼 여성은 부족한 철을 보충하는 것으로 변할수도 있습니다. 이는 남성은 결코 경험할 수 없는 여성만의 특권입니다.

반대로 생리를 하지 않는 남성은 고기와 철분이 많은 와인을 과도하게 섭취하여 오히려 체내에 철분이 쌓일 수 있습니다. 과도한 철분은 여러 장기 장해의 원인이 되니 주의하세요.

뇌를 위한 새로운 전략, DHA

등푸른생선에 많이 들어 있는 DHA(도코사헥사엔산)는 4장에서 동맥경화나 심장병을 막는 '좋은 기름'으로 소개한 지방(오메가-3 지방산)인데 뇌의 작용에도 매우 중요합니다. 여기서는 그 근거에 대해 자세히 이야기하겠습니다.

오메가-3지방산이 주목받게 된 계기는 1970년대에 그린란드의 에스키모가 덴마크인과 비슷한 고지방식에도 불구하고 심근경색 비율과 혈중 저밀도(LDL) 콜레스테롤과 중성지방 수치가 낮은 것이 발단이 되었습니다. 이것은 에스키모의 주식인 생선과 바다짐승에서 오메가-3지방산을 많이 섭취하는 것이 관계 있다고 생각하였습니다. 그중 DHA는 기억력과 학습에 관여하는 해마에 집중적으로 존재한다는 것이 알려지면서 여러 연구가 이뤄졌으며, DHA와 뇌의 밀접한관계도 밝혀졌습니다.

오메가-3지방산은 신경이나 신경과 신경을 잇는 시냅스 형성에 필수이므로 부족하면 뇌의 정상적인 발달에 영향을 줍니다. 이 때문에 DHA는 모유에도 많이 포함되어 있고 분유에도 들어 있습니다. 또한 DHA는 혈류를 개선하고 뇌세포 작용을 활성화해 학습력, 기억력, 집중력을 향상시킨다는 연구결과도 보고되었습니다. '생선을 먹으면 머리가 좋아진다.'라고 하는 이유는 생선(특히 등푸른생선)에 DHA가 많이 들어 있기 때문입니다.

적극적으로 DHA를 섭취하면 인지증을 예방할 수 있다는 연구결과까지 있습니다. 또, DHA에 뇌졸중 예방효과가 있는 것은 확실한 증거로 확립되어 있습니다. 흥미롭게도 DHA는 스트레스와도 관련이 있어 DHA를 섭취하면 스트레스가 줄어들어 온화해진다는 것도 일본과 서양의 연구에서 밝혀졌습니다.

DHA의 과학적 근거
- DHA는 뇌의 기억과 학습에 중요한 해마에 많이 존재하고 있다.
- 신경이나 시냅스의 형성에 필수다.
- 뇌혈류를 개선한다.
- 학습력, 기억력, 집중력을 향상시킬 가능성이 있다.
- 인지증을 예방할 가능성이 있다.
- 뇌경색을 예방하는 효과가 있다.

DHA를 잘 섭취하는 요령
- 가능하면 신선한 등푸른생선을 통째로 사서,
- 가능하면 먹기 직전에 조리해서,
- 가능하면 날것으로 먹는다.

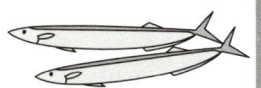

참치에는 DHA가 많이 들어 있습니다. 그러나 최근 바다 오염으로 신경계 발달에 좋지 않은 메틸수은 함유량이 늘어나 많이 먹으면 좋지 않습니다. 참치 외에 꽁치나 전갱이, 정어리, 고등어, 방어 그리고 등푸른생선이 아닌 연어나 장어 등에도 DHA는 많이 들어 있습니다.

DHA는 공기에 닿으면 산화되기 쉽습니다. 그래서 신선한 꽁치나 전갱이, 정어리 등은 회로 만들어 가능한 한 빨리 먹는 것이 DHA 섭취에 좋습니다. 구워도 맛있지만 가열하면 역시 산화가 진행되므로 오메가-3지방산 섭취를 위해서는 가능하면 날것으로 먹는 것을 추천합니다.

생선을 못 먹는 사람은 DHA를 영양제로 섭취해도 좋습니다. DHA를 영양제로 먹으면 과다하게 섭취할 걱정은 없습니다. 또 들기름으로 오메가-3지방산인 알파리놀렌산을 섭취하면 체내에서 DHA가 만들어집니다. 뇌를 언제나 맑은 상태로 유지하여 충분히 활용하려면 평소에 DHA를 적극적으로 섭취합시다.

뇌를 살리는 영양보충제, 은행잎 추출액

은행잎 추출액은 뇌혈류를 증가시키며 인지증 치료에 효과가 있어 미국에서는 허브 영양제 부문에서 베스트 1위 상품이라는 것을 3장에서 이야기했습니다. 은행잎 추출액은 뇌에 상당한 효과가 있는 반면 복용 시 주의가 필요해 조금 더 자세히 이야기하려고 합니다.

5천 년 전부터 중국에서는 은행잎을 기관지염 치료제로 사용했습니다. 서양에서도 1950년대부터 은행잎 성분과 작용에 대해 활발히 연구한 결과, 전신의 혈류, 특히 뇌혈류를 증가시키는 작용이 알려져 주목받았습니다. 뇌혈류의 증가는 은행잎 추출액 안에 들어 있는 테르펜락톤(Terpene Lactones)과 플라보노이드(Flavonoid)가 혈관확장, 혈소판 응집 억제, 항산화작용을 하기 때문입니다. 특히 테르펜락톤인 징코라이드(Ginkgolide)는 은행잎 추출액의 작용을 대표하는 물질로 유명한데 오직 은행잎에만 들어 있습니다. 은행나무는 지금부터 1억 년 전 쥐라기 시대부터 이미 존재하고 있었는데 당시는 몇 가지의 아종이 있었습니다. 그러나 그 후 지구환경 변화에 의해 아종은 모두 없어지고 은행나무만이 살아남았습니다. 현재는 은행잎과 닮은 식물이 존재하지 않기 때문에 그만큼 중요한 성분입니다.

은행잎 추출액은 인지증 개선에 효과가 있어 독일이나 오스트리아에서는 인지증 치료제로 쓰이고 있습니다. 인지증뿐 아니라 노화에 따른 기억력 저하나 성인의 기억력 향상에도 효과가 있어 서양에서 먼저 영양제로 보급되었습니다. 이는 은행잎 추출액의 뇌혈류 개선작용에 의한 것이 크다고 생각되는데 다른 메커니즘도 플러스로 작용하고 있을 가능성이 있습니다.

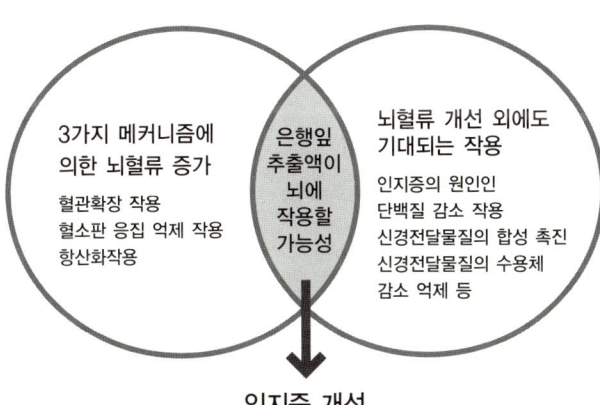

은행잎 추출액이 뇌에 작용할 가능성

　동물실험에서 은행잎 추출액 성분이 알츠하이머병의 원인인 뇌 속 단백질을 감소시킬 가능성이 있으며, 신경전달물질의 합성을 촉진하고 수용체 감소를 억제한다는 것도 알려졌습니다. 또 은행잎 추출액은 뇌혈관뿐만 아니라 전신 혈관의 혈류도 증가시켜 말초순환장애인 냉증 등에도 효과가 있습니다. 그 외에 항알레르기, 항염증 작용도 있어 중국에서 고대부터 기관지염의 치료에 쓰였던 것도 수긍이 갑니다.

> **• 은행잎 추출액의 규격기준 •**
>
> - 1정(1캡슐, 1포) 중에 은행잎 추출액을 20mg 이상 함유할 것
> - 플라보노이드 배당체를 24% 포함할 것
> - 테르펜락톤을 6% 이상 포함할 것
> - JHFA 마크 신청 시 사용한 원료의 농축액으로, 검사기관의 성적서 혹은 기획서·시험성적서가 첨부되어 있을 것
> - 은행잎 가루 분쇄물을 사용하지 않을 것
> - 유해성분인 깅콜산(Ginkgolic Acid) 함유량이 5ppm 이하일 것
> - '차(茶)류'는 깅콜산이 용출(溶出)하지 않는 사용법을 표시할 것
> - 1일 목표량은 60~240mg일 것
>
> (재)일본건강·영양식품협회(JHFA)의 기준을 근거로 작성

그러나 은행잎 추출액은 혈소판의 응집을 억제하므로 출혈을 일으킬 가능성이 있습니다. 와파린(Warfarin) 등 피를 굳기 어렵게 하는 약을 먹고 있는 사람은 주의하세요. 의약품으로 쓰이는 나라가 있다는 것은 그만큼 강한 작용을 한다는 말이기도 하므로 의료기관에서 치료받고 있는 사람은 은행잎 추출액을 복용하기 전에 반드시 주치의와 상담해야 합니다.

또한 은행잎은 깅콜산이라는 독성 유해물질을 다량 함유하고 있으니 차로 마시는 것은 매우 위험합니다. 2002년에 국민생활센터가 시중에 판매되는 은행잎 제품의 깅콜산 농도를 조사한 결과, 서

양의 규격기준인 5ppm을 뛰어넘는 제품이 반수 가까이나 되는 것이 판명되었습니다. 이를 위해 일본건강·영양식품협회(JHFA)는 은행잎 추출액의 규격기준을 정했습니다. 은행잎 추출액을 구입할 때엔 모조품에 주의하세요.

뇌가 가르쳐주는 하나의 습관, 긍정적 마인드

세계보건기구(WHO)는 『건강의 정의』에서 건강이란 몸만이 아닌 '정신적으로도 완전히 활발한 상태인 것'이라고 말하고 있습니다. '활발한'이라는 말은 '활기차다'라는 뉘앙스로 받아들이면 좋을 듯합니다. 몸에는 명확한 이상이 없어도 머리 안이 혼탁하다면 건강하다고 할 수 없고 자신의 인생에 만족도 할 수 없겠지요.

'정신적인 면이 활발한 사람'은 사고가 긍정적인 사람입니다. 그러면 긍정적인 생각은 정말로 만족스러운 정신건강과 연결되어 있을까요?

한국의 연구그룹이 긍정적 마인드와 생활만족도의 관계를 조사했는데, 긍정적인 마인드를 가지고 있는 사람은 생활만족도가 높다는 결과가 나왔습니다. 일반적으로 생활만족도는 직종이나 수입 등에 영향을 받기 쉬운데 긍정적 마인드와 생활만족도의 관계는 기타 원인을 조정해도 마찬가지였습니다. 즉, 긍정적 마인드를 갖고 있는 사람이 현재의 생활을 긍정적으로 받아들여 후회 없는 인생을 걷고 있는 만큼 정신적으로도 건강하다는 것입니다.

덧붙여 2005년에 내각부가 공표한 일본 국민의 생활만족도 조사결과에 따르면 '지금의 생활에 만족하고 있다.'라고 응답한 사람은 전체의 7.7%에 지나지 않고, '그럭저럭 만족하고 있다.'가 51.8%, '불만'이 37.5%(조금 불만 27.0%+불만 10.5%)였습니다. 정신적으로 건강한 인생을 살고 있는 사람은 적은 듯합니다.

건강·체력 만들기 사업재단의 100세자 조사나 게이오 대학 노년내과의 히로세 노부요시[廣瀨信義]가 주도한 'Tokyo Centenarian Study'에서 오래 사는 사람, 특히 100세 이상의 초고령자에는 긍정적인 사람이 많다는 것을 알 수 있었습니다.

또 자신의 주관적인 건강도가 높은 사람의 사망률이 낮은 것은 1장에서 이미 이야기했는데, 우울한 상태인 유방암 환자의 치사율은 상당히 높고 게다가 고립감과 절망감이 강한 환자는 완치가 되어도 재발할 확률이 확실히 높다는 영국 연구그룹의 대규모 조사 결과도 있습니다. 이것은 긍정적으로 사는 것이 몸의 면역기능에 플러스로 작용해 병을 억제하는 효과가 있을 가능성을 나타내는 것입니다.

이상에서 긍정적인 마인드로 사는 것은 과학적 견지에서도 현재의 생활을 충실하게 해 앞으로의 인생을 바꾸어나갈 가능성이 있다고 생각됩니다.

평소 부정적으로 생각하는 사람은 지금부터 서서히 매사를 플러스로 받아들이는 습관을 몸에 익히도록 하세요.

TEST PAGE

의욕도 테스트

다음의 질문 테스트(Apathy Scale, 시마네 의과대학 제3내과판)로 의욕도를 평가해보세요. 14개의 각 항목에 점수를 매겨 마지막에 총합계를 냅니다.

전혀 아니다는 3, 조금 그렇다는 2, 그렇다는 1, 매우 그렇다는 0으로 표시하세요.

1) 새로운 것을 배우고 싶다고 생각합니까? [3 2 1 0]
2) 뭔가 흥미를 가지고 있는 것이 있습니까? [3 2 1 0]
3) 건강상태에 관심이 있습니까? [3 2 1 0]
4) 어떤 것에 열중할 수 있습니까? [3 2 1 0]
5) 항상 무언가 하고 싶다고 생각하고 있습니까? [3 2 1 0]
6) 장래의 일에 대해 계획과 목표가 있습니까? [3 2 1 0]
7) 뭔가를 하고자 하는 의욕이 있습니까? [3 2 1 0]
8) 매일 의욕적으로 지내고 있습니까? [3 2 1 0]

전혀 아니다는 0, 조금 그렇다는 1, 그렇다는 2, 매우 그렇다는 3으로 표시하세요.

9) 누군가가 시켜야 합니까? [0 1 2 3]
10) 무엇에도 무관심합니까? [0 1 2 3]
11) 관심을 끄는 것이 아무것도 없습니까? [0 1 2 3]
12) 누가 이야기하지 않으면 아무것도 하지 않습니까? [0 1 2 3]
13) 즐겁지도 않고 슬프지도 않은 중간 정도의 기분입니까? [0 1 2 3]
14) 자신에게 의욕이 없다고 생각합니까? [0 1 2 3]

결과

16점 이상인 경우 애퍼시(Apathy)라고 진단됩니다. 애퍼시는 무감동, 무감성, 무관심 등을 의미해 매사에 의욕이 저하되어 있는 상태입니다. 의욕 저하는 장래에 우울증과 인지증으로 연결될 가능성이 있으니 점수가 높게 나온 경우에는 의사에게 상담을 받아보도록 하세요.

▶ **Chapter 5 정리**　　s　u　m　m　a　r　y

1. 뇌의 힘을 유지하기 위해 지적자극을 계속 받아들이고 조금 힘든 운동을 하자.
2. 커피는 마실 수 있다면 마시자.
3. 철분결핍을 개선해 뇌를 활성화하자.
4. 생선의 지방(DHA)을 뇌에 보급하자.
5. 은행잎 추출액으로 뇌혈류를 늘리자.
6. 긍정적 마인드로 인생을 바꾸자.

Chapter 6

외모 경쟁 시대의 건강 블루오션 전략

지금까지는 몸을 건강하게 할 뿐 아니라 머리까지 활성화시키는 법을 자세히 소개했습니다. 이제 마지막 장에서는 '외모'를 보다 건강하게 개선하는 법에 대해 이야기하겠습니다.

외모도
경쟁력이다

흔히 세상에선 외모가 아주 많은 것을 말해준다고 하는데 나도 그렇게 생각합니다. 단, 내가 말하는 '외모'는 단순히 멋지게 가꾸는 것이 아닌 활기찬 모습을 말합니다.

예를 들면 각각 다른 회사에서 조건도 열의도 같은 사원 두 명이 왔을 때, 이왕이면 건강하고 밝게 보이는, 즉 외모가 훌륭한 사원 쪽을 선택하는 사람이 많지 않을까요?

사람은 비즈니스를 맺으러 온 상대를 통해 상담의 향방이나 회사 상태를 추정하려 하므로, 바로 눈앞에 있는 사람이 활기가 없어 보인다면 '앞으로 괜찮을까? 제대로 진행할 수 있을까?' 같은 불안감을 가지게 되기 마련입니다.

　실제로 외모가 뛰어난 사람이 타인에게 호감을 주고 관계를 맺기도 쉽다는 조사결과가 많이 있습니다. 그러므로 일을 하면서도 본인 나름의 외모를 개선하려는 노력은 필요합니다. 이것은 결혼 상대를 찾을 때도 마찬가지겠지요. 상대는 본능적으로 '이 사람과 건강한 가정을 이룰 수 있을까?' 하고 탐색하고 있으니까요.

　물론 지금까지 소개한 심신을 건강하게 하기 위한 법들을 실천하면 몸 안쪽에 빛이 나고 그 빛이 저절로 외관에도 반영될 것입니다. 칼로리 조절과 근육 트레이닝은 배에 쓸데없는 지방이 붙지 않고, 젊고 탄력 있는 몸과 기민한 움직임을 유지시키는 '외모'까지 좋아지는 훌륭한 건강법입니다.

　그렇지만 내측의 변화가 외관에 반영되기까지는 다소 시간이 걸립니다. 즉 '외모'에 중점을 둔 대처도 필요합니다. 외모가 건강하게 개선되면 앞으로도 건강을 위해 살아가자는 열정이 한층 강해지게 되니까요.

　그래서 지금부터 외모를 개선하기 위한 직접적인 방법을 소개하려고 합니다. 또한 아무리 외모가 좋아졌어도 몸에서 냄새가 난다면 모처럼의 노력도 물거품이 되므로 냄새 대책에 대해서도 이야기하겠습니다.

호감도 100%, 하얀 치아가
승진의 승패를 좌우한다

노화를 강하게 자각하는 계기 중 하나는 이가 빠지는 것이라고 합니다. 그런데 사실 이가 빠지는 원인은 노화가 아니라 대부분 치주병(齒周病)입니다. 후생노동성 조사에 의하면 치아에 이상이 있는 사람은 45~54세에 가장 많고, 이 연령대 중 88.4%가 치아에서 이상이 발견된다고 합니다. 그리고 결국 치주병때문에 이가 빠지게 됩니다. 젊었을 때 제대로 치주병을 예방했던 사람은 70세가 되어도 자신의 이를 전부 간직하고 있습니다.

치주병이 입 안의 문제만으로 멈추지 않고 동맥경화성 심장질환이나 당뇨병 등 전신질환으로 연결된다는 것이 최근의 많은 연구로 알려졌고, 만성적인 구취의 원인이므로 평소 제대로 치아 관리를 해서 치주병을 예방하도록 합시다.

이때 효과를 발휘하는 것이 치간칫솔과 치실입니다.

식후에 이를 바로 닦는 사람이어도 이와 이 사이까지 닦는 사람은 의외로 적습니다. 그러나 표면과 바깥쪽만 닦고 이 사이를 깨끗이 하지 않으면 음식찌꺼기가 쌓이고 세균이 번식해 염증을 일으키고 냄새가 납니다. 꼭 이 사이도 관리하세요.

반짝반짝 빛나는 하얀 이는 외모 개선에도 매우 효과적입니다. 미국 심미치과학회의 조사에 따르면 웃는 얼굴에서 가장 호감을 주는 곳은 입가였습니다. 그리고 심사위원에게 이를 드러내고 웃는 사람의 사진을 각각 이를 하얗게 하기 전과 후의 두 가지로 보여주고 인상도를 평가해보았더니, 후자 쪽이 전자에 비해 매력도는 10점 만점에 평균 1.3포인트 상승(4.6 → 5.9), 건강도도 1.0포인트 상승(4.9 → 5.9) 그리고 이성이 느끼는 호감도는 1.2포인트 상승(5.0 → 6.2)된다는 결과가 나왔습니다. 이처럼 이가 하얗게 변한 것만으로 인상이 좋아지므로 꼭 하얗고 빛나는 이를 가꾸세요.

중년의 견고한 치석을 없애고 이를 하얗게 하기 위해서는 평소에 쓰는 일반 칫솔이나 초음파칫솔보다 음파칫솔을 추천합니다(단, 음파칫솔은 바르게 쓰지 않으면 오히려 이와 잇몸이 상할 수 있으니 치주병이 심한 경우에는 치과의사의 상담을 받으세요).

또 이를 하얗게 하려면 치약도 신경 써야 합니다. 최근에는 용도에 따라 많은 치약이 판매되고 있는데, 치아미백효과가 있는 것은 사과산이 들어간 치약입니다. 사과산에는 누런 이를 하얗게 하는 작용이 있습니다.

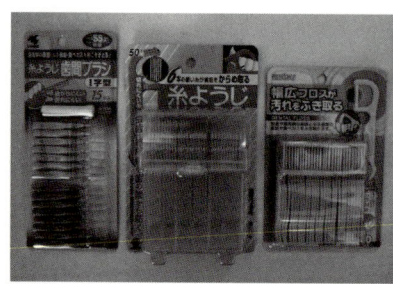 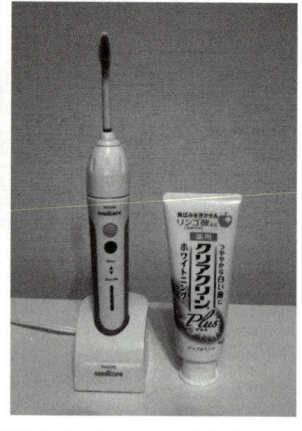

좌 : 치간칫솔과 치실. 왼쪽부터 고바야시 제약의 치간칫솔과 치실, 그리고 실 부분이 넓은 에비스의 'Dental Floss'.
우 : 음파칫솔 '소니케어' (필립스)와 사과산이 들어간 가루치약 '약용 클리어클린 플러스 화이트닝' (카오)

단, 자신의 노력만으로는 하얗게 되지 않아 만족하지 못할 수도 있습니다. 이런 경우에는 치과의사에게 상담하는 것도 방법입니다. 요즘 치과에서 행하는 미백 시술법은 매우 진보되어 있습니다. 이 표면의 황색 제거로 충분히 개선되지 않는 경우에는 브라이팅(일반적으로는 화이트닝이라고 합니다)이라는 이 내부의 황색 제거를 합니다. 이것은 자신의 치형을 본뜬 트레이 안에 화이트닝 젤이라는 약품을 흘려 넣고 이에 덮어씌워 착색된 이 안쪽을 하얗게 하는 방법입니다. 치과에서 할 수도 있고(오피스 브라이팅) 집에서 자는 동안 할 수도(홈 브라이팅) 있습니다.

상세한 내용은 회사 근처에 심미치료를 하고 있는 치과를 방문해 상담해보세요.

직장인의 흰머리는 연륜이 아니다

머리카락은 모근의 색소세포인 멜라닌 색소가 머리카락을 생성하는 세포로 이동하여 계속 검게 유지됩니다. 나이가 들어 색소세포의 수가 줄어 멜라닌 색소의 생산량이 적어지면 머리카락이 검은색에서 흰색으로 변하게 되는데, 이는 머리털을 둘러싸고 있는 모낭에 존재하는 색소세포를 만드는 세포(색소간세포)의 감소가 원인이라고 최신 연구에서 알려졌습니다.

보통 생체의 여러 조직에 존재하는 간세포는 그 생체가 살아 있는 동안엔 계속 조직에 필요한 세포를 만들어낼 수 있습니다. 예를 들면 살아 있을 때에 혈액이 고갈되어버리면 큰일이므로

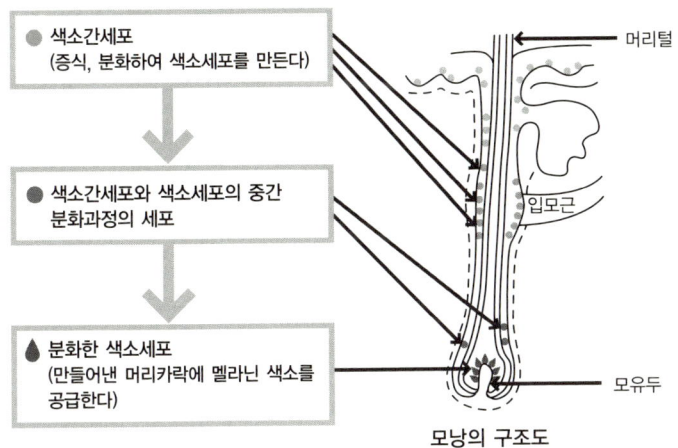

검은 머리가 완성되는 과정

조혈간세포(造血幹細胞)는 평생 동안 혈액세포를 계속 만듭니다. 쥐를 사용한 실험에서 조혈간세포는 개체 수명의 몇 배나 되는 기간에 걸쳐 혈액세포를 계속 만들 수 있다는 것이 알려졌습니다.

앞장에서 이야기한 것처럼 고령이 되어도 뇌에서는 신경간세포가 새로운 신경세포를 계속 만들고 있습니다.

다른 간세포와 달리 색소간세포의 수명만이 숙주의 수명보다 짧은 것은 매우 이상한 일이지만, 흰머리는 노화 외에 유전적 요인이나 스트레스 등에 의해서도 생기므로 이러한 요인들이 색소간세포의 유지를 어렵게 하는 건지도 모릅니다.

물론 흰머리는 연륜이 느껴져 멋진 경우도 있지만, 젊었을 때부터 흰머리가 나타나면 건강하지 못한 인상을 줄 수 있으므로 잘 관리해야 합니다.

그렇다고 흰머리를 함부로 뽑으면 안 됩니다. 머리털은 같은 모낭에 여러 가닥이 있는 경우도 있어 흰머리를 뽑으면 모근이 상하거나 모낭에 상처가 나 그 부분에서는 아예 털이 나지 않을 수 있습니다. 또 가끔 끝 부분은 하얗고 중간부터 검은 머리카락을 발견하기도 하는데, 일과성 스트레스 등의 요인이 해소되어 검게 돌아갈 수 있는 머리카락을 뽑아버리면 색소세포나 색소간세포가 손상될 수 있습니다. 그러므로 흰머리는 뽑지 말고 뿌리 근처에서 자르도록 합시다.

한편 비타민 B군 중 B_{12}나 엽산이 결핍되어 흰머리가 생길 수도 있습니다. 비타민 결핍으로 전신 세포의 DNA 합성장해가 일어나면 젊은 사람일지라도 흰머리가 생깁니다. 이 경우에는 비타민을 보급하면 흰머리도 줄어듭니다. 물론 빈혈이 심한 사람도 치료될 수 있습니다.

그러나 가능하면 평소에 비타민을 충분히 섭취해서 부족해지지 않도록 하세요. 비타민은 채소나 과일에 많다고 생각하기 쉬운데, 비타민 B_{12}는 의외로 동물성 식품에 많습니다. 그렇기 때문에 채식주의자처럼 식물성 식품 중심의 식생활을 계속해온 사람은 비타민 B_{12}가 부족할 수 있습니다.

엽산은 녹색 채소에 많고 알코올을 섭취하면 흡수나 대사에 지장이 있습니다. 그러므로 외식과 음주가 잦고 건강에 나쁜 식생활을 하면 엽산이 부족해질 가능성이 있습니다. 비타민 B_{12}와 엽산 둘 중의 하나가 부족해도 흰머리나 빈혈이 생기므로 주의하세요. 채식주의자는 비타민 B_{12}를 영양제로 보충하는 것도 좋습니다.

흰머리에 이어 탈모에 대해서도 이야기해 볼까요?

탈모의 원인은 여러 가지인데 중년 남성에게(가끔은 여성에게도) 많이 일어나는 것은 남성형탈모증(혹은 장년성탈모증)입니다. 이것은 유전적 요인이 있는 20~40대의 사람이 정수리에서 머리 앞쪽에 걸쳐 탈모가 되는 것입니다.

머리털은 성장과 탈모를 반복하는데 통상 2~6년의 성장기에 자라고 2주간의 퇴행기를 거칩니다. 그리고 3~4개월의 휴지기 후 다시 성장기가 되어 머리털이 자라는 사이클을 반복합니다. 남성형 탈모증은 이 사이클 중의 성장기, 즉 머리털이 자라는 기간이 수개월~1년 정도로 단축되어버린 것입니다.

이것은 디히드로테스토스테론(DHT, Diydrotestosterone)라는 물질이 원인으로, 탈모가 일어난 두피에 다량으로 검출됩니다. DHT는 혈류를 타고 온 남성호르몬(테스토스테론)이 5-알파환원효소라는 물질에 의해 변환되어 생긴 것입니다. DHT가 모유두에 있는 모유두세포의 수용기에 결합하면 탈모 신호가 발생하고 머리카락의 성장을 조기에 완료시켜 충분히 자라지 못하고 가늘고 짧아지다가 결국엔 빠져버립니다.

그래서 DHT가 생성되지 않도록 5-알파환원효소의 작용을 저해하는 피나스테리드(Finasteride)라는 약이 개발되었습니다. 피나스테리드는 이미 남성형탈모증 치료제로 승인되어 시중에 판매되고 있습니다(상품명 : 프로페시아/반유 제약).

이외에도 다양한 발모제가 있지만 피나스테리드는 임상실험에서 비교적 좋은 결과가 나왔으므로 현재 탈모 개선에 가장 확실한 과학적 근거가 있는 약이라고 생각합니다. 단, 피나스테리드는 내

복약이어서 복용 시 충분한 주의가 필요해 꼭 의료기관에서 처방받아야 합니다.

피나스테리드와 함께 미녹시딜(Minoxidil, 털을 굵게 하는 작용을 합니다) 등의 발모 효과가 있는 외용제를 함께 사용하면 상승효과가 있는데 임상실험 수준의 근거는 거의 없습니다.

'빛'을 장악하는 자가
부서를 장악할 수 있다

얼굴을 젊게 유지하면 남에게 좋은 인상을 줄 뿐 아니라 자신감과도 연결됩니다. 또 여성에게는 영원한 숙제라고 할 수 있겠죠. 이를 위해서는 칼로리 과잉섭취나 운동부족을 해결해 얼굴과 머리에 있는 여분의 지방을 없애고 몸속을 건강하게 함과 동시에 얼굴 피부 자체를 건강한 상태로 유지하는 것이 중요합니다.

이때 가장 중요한 포인트는 자외선입니다.

얼굴 피부 노화의 주원인은 '광(光)노화', 즉 햇빛으로부터 자외선을 오랜 기간 쬐는 것과 나이가 드는 것입니다. 피부의 콜라겐은 자외선에 의해 생산이 저하되고 분해가 촉진됩니다. 그래서 탄력이 없어지고 마침내 늘어지며, 입가가 처지면서 외모가 훨씬 늙어 보입니다.

또 자외선을 쬐면 피부의 탄성섬유가 제대로 된 섬유상 구조가 아닌 덩어리가 되어버려 깊은 주름이 생기게 됩니다. 기미나 주름이 있는 얼굴에 비해 햇볕을 거의 쬐지 않는 엉덩이는 의외로 팽팽합니다. 즉, 얼굴 피부도 부지런히 UV케어를 한다면 얼마든지 젊게 유지할 수 있습니다.

한때 구루병 예방을 목적으로 일광욕을 장려했지만, 현재는 과하게 햇볕을 쬐면 백해무익하다고 알려져 있습니다(나무 그늘에 10분만 있어도 체내의 비타민 D 활성화에 필요한 자외선은 충분히 쬘 수 있습니다).

미용을 위해 수많은 화장품을 쓰면서 피부에 좋지 않다는 이유로 UV케어 제품은 사용하지 않는 사람이 있는데 UV케어를 하지 않으면 아무리 고가의 화장품을 써도 피부가 늙습니다.

자외선 흡수제인 에틸헥실 메톡시시나메이트(Ethylhexyl Methoxycinnamate), 옥시벤존(Oxybenzone), 실라소마(Silasoma) 등이 UV케어 제품 중에 많이 포함되어 있으면 확실히 피부에 유해하지만 그렇게 많이 들어 있는 것을 고를 필요는 없습니다.

UV케어 제품에 표기된 자외선 차단 지표인 SPF(Sun Protection Factor) 지수는 높을수록 자외선 차단 효과가 좋을 것 같은데, 실은 SPF 지수가 높아도 차단 효과는 그다지 변하지 않아 10 이상이 되면 거의 같습니다.

그래서 심각한 자외선 피해로 국가적으로 자외선 대책을 추진하고 있는 뉴질랜드나 오스트레일리아, 미국 등에서는 SPF 30 이상의 제품은 자외선 차단 효과에 비해 피부에 유해하므로 판매를 금지하고 있습니다. 따라서 SPF 수치가 너무 높은 제품은 가능하면 사용하지 마세요.

운동할 때 외에는 그다지 직사광선에 닿지 않는 직업이면 피부에 비교적 순한 자외선 산란제(산화아연, 산화티탄 등)를 사용한 UV 화장품('흡수제 무배합'이나 '논-케미컬'이라고 표시되어 있는 것)을 살짝 바르는 것만으로 충분한 효과가 있습니다. 자외선 산란제가 들어간 제품은 얼굴이 하얗게 뜨는 경우가 많은데 최근에는 매우 개량되었습니다.

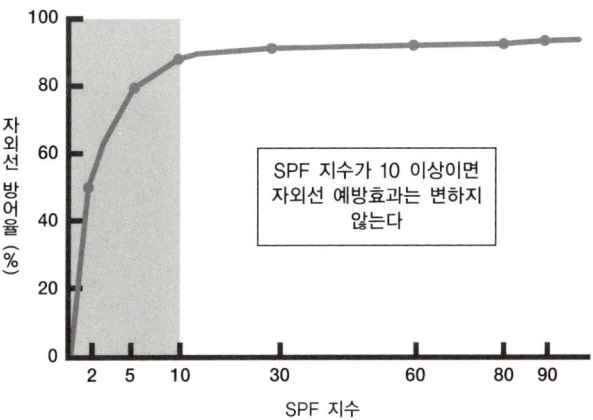

SPF 수치가 높다고 좋은 것은 아니다

　남성도 그을린 피부가 건강해보인다고 계속 햇볕을 쬐면 주름이나 기미투성이에 피부가 처져 긴장감 없는 얼굴이 됩니다. 일부러 노화 촉진의 위험을 무릅쓰고까지 선탠을 할 필요는 없으니 부끄러워하지 말고 UV케어를 시작하세요. 남성용 UV케어 제품도 발매되고 있으니 아침, 외출 전에 얇게 바르는 것만으로도 효과가 있습니다.

　최근에는 오존층의 파괴로 피부암이 증가하고 있으므로 충분히 주의해야 합니다.

　UV케어 다음으로 중요한 것이 보습입니다. 습기가 없으면 피부가 푸석해지고 주름이 생기므로 피부에 좋다는 성분이 많이 든 고가의 화장수보다 보습성이 뛰어난 제품을 고르는 것을 추천합니다.

남성도 꼭 보습을 하세요. 오츠카 제약의 조사에 따르면 30~50대 남성 화장수 등 보습제 사용은 30%대에 머물고 있다고 하는데, 아무리 남성이어도 얼굴이 푸석푸석하면 좋지 않습니다. 지성 피부인 사람도 보습을 하지 않으면 오히려 피지가 더 분비됩니다. 남성용을 사기 어렵다면 여성용 보습제여도 상관없습니다(UV케어 제품도 마찬가지).

남성용 UV케어 제품

좌 : 옥시 퍼펙트 선번 블록(로토 제약)
우 : 루시도 멘즈 스킨케어 UV프로텍터(맨담)

자외선 흡수제 무배합 제품

좌 : 페아크레아 화이트 SPF 27(가네보 화장품)
우 : 선베어즈 코도모S SPF 20(오미교다이 사)

남성용 보습제

우르오스(오츠카 제약)
왼쪽부터 로션, 밀크, 크림

남성도 쓸 수 있는 여성용 보습제

아쿠아레벨(시세이도)
왼쪽부터 로션타입, 유액타입

과도한 머리를 쓰는 직장인의 필수품, 기름종이

앞에서 얼굴 피부에 대해 이야기했는데 얼굴의 과다한 피지는 피부 트러블로 연결되어 외모에 마이너스가 됩니다. 특히 한창 업무에 충실할 30대 남성은 피지 분비량이 가장 많으므로 대책이 필요합니다. 이를 위해서는 보습으로 피지의 과잉분비를 막는 것이 중요합니다. 그러나 스트레스나 정신적 긴장 등이 더해지면 그만큼 피지 분비량은 늘어납니다. 집에서 쉬고 있을 때엔 전혀 번들거리지 않아도 머리를 쓰는 일을 하면 피지가 분비됩니다. 그러니 상당한 정신집중이 필요한 업무 직후에 중요한 사람과 만날 때는 먼저 기름종이로 얼굴의 피지를 닦고 만납시다. 기름종이는 머리를 쓰는 직장인의 필수품입니다.

나는 항상 와이셔츠 앞주머니에 기름종이를 넣고 다닙니다.

내가 애용하는 것은 갸스비(Gatsby)의 오일클리어시트(Oil Clear Sheet)입니다. 필름 소재의 기름종이로 매우 흡착성이 좋습니다. 외래진료 후에는 오랫동안 머리를 썼기 때문에 피지 분비량이 많아져 기름종이 한 장 전체에 피지가 흡착될 정도입니다.

내 얼굴은 10년 전엔 건조해서 거칠거칠했지만 UV케어와 적절한 보습, 기름종이로 과잉 피지를 부지런히 제거한 결과 지금은 트러블이 없어져 매끄럽고 주름도 거의 없습니다.

웻(Wet) 타입의 기름종이도 있는데 이것은 너무 많이 쓰면 좋지 않습니다. 확실히 산뜻한 느낌은 들지만 피지를 과도하게 제거하는 데다 알코올이 들어 있어 피부가 상하기 때문입니다. 그러나 웻 타입이 도움될 때도 있습니다. 알코올이 들어 있는 웻 타입 기름종이를 휴대하면 살균, 소독이 필요할 때 매우 좋습니다.

외출 시 전철 손잡이 등에 있는 잡균과 바이러스가 손에 닿으면 감기 같은 질병에 걸립니다. 부지런히 손을 씻으면 질병을 예방할 수 있지만, 그러지 못할 때 알코올이 들어 있는 웻 타입 기름종이를 사용하세요. 또 손톱을 깎고 웻 타입 기름종이로 손끝을 닦으면 세균감염에 의한 염증도 예방할 수 있습니다.

내가 애용하는 것은 갸스비의 페이셜 페이퍼(Facial Paper)입니다. 웻 타입 중에는 냄새가 강한 것도 있는데 이것은 냄새가 거의 없고 가벼워 무척 좋습니다. 단, 알코올에 약한 사람에게는 맞지 않을 수 있습니다.

언제 어디서나 반짝이는 눈을 위하여, 안약

모니터를 보는 시간이 많은 직장인에게 눈의 트러블이 늘고 있습니다. 눈을 깜박거리는 것은 눈에 윤기를 주는 중요한 현상인데 업무에 집중하다 보면 깜박임의 횟수가 현저히 줄어 눈이 건조해지고 안구건조증 같은 증상도 나타납니다.

눈이 건조해지면 눈을 크게 뜨지 못하고, 눈 주위 근육도 피로해져 눈에 힘이 없고, 지쳐 보이는 얼굴이 됩니다. 게다가 각막도 건조해져 상처가 나기 쉬우므로 조심해야 합니다.

최근에는 눈이 건조하면 각막에 노화나 질병의 원인인 산화스트레스를 일으키는 것도 알려졌습니다. 눈이 건조해지면 항산화물질을 많이 함유한 누액(淚液, 눈물)이 감소해 눈이 대기에 직접 닿게 되어 산화스트레스가 증가합니다.

실명을 일으키는 가령황반변성(加齡黃斑變性)이라는 질병은 산화스트레스가 주요 원인(실명 원인 4위)입니다. 지금까지는 자외선을 오래 쬐는 것이 눈의 노화 스트레스 발생의 주원인이라고 생각되었는데 앞으로는 눈의 건조에도 주의를 기울여야 합니다. 눈이 건조해지는 것을 예방하려면 모니터의 글자 크기를 키우고, 형광등 빛이 반사되지 않도록 하며, 눈을 자주 깜박여 윤기를 주면 좋은데 작업에 집중하면 좀처럼 의식할 수 없는 것이 문제입니다.

이럴 때에 도움이 되는 것이 안약입니다. 최근에는 안구건조용 안약이 시판되고 있으니 잘 이용하면 좋습니다.

눈에 힘을 주는 아이템 '스마일 40EX' (라이온)

안구건조증 예방을 위해 쓰는 안약 '아이리스 CL-1네오' (다이쇼 제약, 방부제가 없는 1회용 타입)

또 눈을 계속 사용하면 피로가 누적되어 충혈될 때도 많습니다.

장시간 컴퓨터를 사용한 후에 거울을 보면 평소보다 얼굴이 지쳐 보입니다. 미간에는 주름이 생기고 눈은 피로해서 부예지고 흰자위도 충혈되어 있지 않나요? 만약 그 상태로 초면인 사람과 만난다면 그 사람은 당신을 어떻게 생각할까요? 사람의 인상은 대부분 첫인상으로 정해진다고 하는데 그중에서도 눈은 중요한 포인트 중 하나입니다. 그러니 중요한 상담 상대를 만날 때는 눈을 맑게 해야 합니다.

이럴 때 안약이 필요합니다. 네오스티그민(Neostigmin) 같은 눈의 초점을 잘 맞게 해주는 물질과 함께 염산나파졸린(鹽酸 Naphazoline)이나 염산테트라히드로졸린(鹽酸 Tetrahydrozoline) 같은 혈관 수축제가 들어 있는 안약을 사용하면 눈의 피로가 풀리고 흰자위의 충혈도 없어져 반짝거리는 눈이 됩니다. 안약을 넣는 사소한 행동으로도 외모는 상당히 변합니다.

단, 너무 자주 사용하지 않도록 하세요. 과도하게 안약에 의존하면 혈관이 이완되어버려 평소에도 흰자위가 충혈될 수 있기 때문입니다. 그러니 안약은 중요한 때에 눈에 힘을 실어주는 수단으로 이용하세요.

혹시 라식(LASIK) 수술에 대해 들은 적이 있나요? 레이저로 각막의 굴절률을 변화시켜 근시나 난시를 교정하는 방법입니다. 보험 적용은 안 되지만 입원할 필요가 없고 비교적 안전하며 수술도 단시간에 끝나 라식 수술을 하는 사람이 늘고 있습니다.

라식 수술을 하면 안경이나 콘택트렌즈가 필요 없어 외모가 개선되는 데, 게이오 대학 츠보타 가즈오(坪田一男) 교수의 연구그룹은 라식 수술 시 눈이 커진다(검렬폭이 커진다)는 것을 관찰하여 안과전문지에 실었습니다. 연구결과에 의하면 하드 콘택트렌즈 사용자의 검렬폭은 수술 전 7.6±1.6mm에서 수술 후 8.7±1.2mm로, 콘택트렌즈 비사용자도 수술 전 7.7±1.9에서 수술 후 8.9±1.9mm로 커졌다고 합니다. 그 이유는 라식 수술을 하면 눈의 초점을 맞추기 쉬워지기 때문이라고 생각합니다.

과도한 회식은
입냄새와 몸냄새의 원인

만성 치주증이 구취의 원인이라는 것은 앞에서 말했습니다. 입 안에 남은 음식찌꺼기가 세균에 분해되어 구취가 생기므로 식사 후에는 보통 양치만이 아니라 치간 칫솔이나 치실을 써서 이 사이를 손실하세요. 또 육류를 자주 섭취하면 장내 악성균이 늘어나 악취성분을 발생시킵니다. 이것이 숨에 섞이면 구취가, 땀에 섞이면 체취가 나게 되므로 과도한 육식은 삼가는 것이 좋습니다.

주요한 체취 발생 루트 중 하나는 땀 성분이 피부의 세균에 분해되어 발생하는 경우입니다. 그리고 다른 하나는 피지가 산화되어 발생하는 경우입니다. 피지가 산화되면 노네날(Nonenal)이라는 이

냄새의 발생 루트	발생하는 냄새	대책
• 입 안의 음식 찌꺼기 • 세균에 의한 찌꺼기 분해 • 치주증	구취	• 양치질+치간케어 • 심한 치주증은 치과치료
• 장내 악성균에 의한 악취원의 발생	구취, 체취	• 육식 중심의 편식을 피함 • 기상 후에 운동으로 호흡과 발한을 촉진한 후에 샤워, 입욕 • 샴피니온 섭취
• 땀 성분의 세균에 의한 분해	체취	• 기상 후에 샤워, 입욕 • 방취제(데오도란트)
• 피부의 산화	체취 노네날 → 아저씨 냄새 펠라르곤산 → 중년의 체취	• 수면이나 식사 등에 주의 • 적극적인 항산화물질 섭취 • 기상 후에 샤워, 입욕 • UV 케어

구취, 체취 극복 방법

른바 아저씨 냄새의 원인 물질이 생기는데, 이는 양초 혹은 헌책 냄새로 비유되며 젊은 세대의 체취의 원인과는 다릅니다.

젊은 세대에서는 피부의 산화로 펠라르곤산(Pelargonic Acid)이라는 물질이 발생해 중년의 체취가 발생합니다. 펠라르곤산 냄새는 낡은 식용유 같은 냄새입니다.

체취가 신경 쓰이는 사람은 자는 동안 상당량의 땀과 피지가 분비되니 기상 후에 꼭 샤워를 하고 나가도록 합시다. 또 운동을 하면 호흡(가스 교환)과 발한을 촉진하여 숨과 땀에 섞인 악취성분이 제거되니 샤워하기 전에 운동을 하면 더욱 효과적입니다. 낮에 나는 땀은 방취제(데오도란트) 등으로 대처합시다. 그리고 과도한 자외선은 피지의 산화를 촉진하여 노네날과 펠라르곤산을 증가시키니 자외선 차단도 매우 중요합니다.

또 충분한 수면을 취하고 동물성 지방과 넛츠류 등을 지나치게 섭취하는 것을 피해 피지의 과잉분비를 막는 것도 중요합니다. 그리고 채소와 과일을 많이 먹어 비타민 C 등 항산화 비타민과 피토케미컬을 듬뿍 섭취하도록 하세요.

최근에는 샴피니온이라는 버섯 추출성분이 장에 좋은 세균을 늘리고 악성균이 발생시킨 악취성분을 제거하며 구취와 체취를 억제하는 효과가 있는 것이 알려져 여러 건강식품에 이용되고 있습니다. 빠른 효과는 기대할 수 없지만, 버섯 성분이 비교적 안전하므로 좀처럼 냄새가 해소되지 않는 경우에 시험해보는 것도 좋습니다.

▶ Chapter 6 정리 summary

1. 하얗게 빛나는 이로 호감을 주자.
2. 흰머리는 뽑지 말고 뿌리 근처에서 자르자.
3. 머리숱이 적다면 과학적으로 접근하자.
4. 자외선 차단과 보습으로 항상 젊은 얼굴을 유지하자.
5. 번들거림을 막아 외모와 피부 트러블을 개선하자.
6. 생생한 눈으로 좋은 인상을 주자.
7. 냄새 대책도 잊지 말자.

에필로그

거울 앞에 선
당신의 모습에 자신을 가져라

이 책에서는 지금까지 건강한 몸과 마음을 위한 마인드컨트롤의 중요성을 과학적 근거로 이야기했습니다. 건강이 좋아지면 연봉도 높아지고 사망률까지 변할 뿐만 아니라 마음가짐에 따라 암 환자의 예후조차 변할 수 있다는 것을 잊지 마세요.

긍정적인 사고는 건강이나 외모를 플러스로 이끌어갑니다. 직장인의 아이디어 발상에 도움을 주는 책인 『아이디어 모드』에는 각계의 저명인들이 자신감을 얼마나 중요하게 여기고 있는지 쓰여 있습니다. 몇 가지 예를 들면 다음과 같습니다.

- 성공한다고 생각하는 사람만이 성공할 수 있다. - 로마 시인 베르길리우스

- 된다고 생각하든지 안 된다고 생각하든지 결과는 자신의 생각대로 된다. – **자동차왕 헨리 포드**
- 인간은 자신의 기분을 바꾸는 것으로 인생을 변화시킬 수 있다. – 미국 **행동심리학자 윌리엄 제임스**
- 인간은 자신이 생각하고 있는 모습 그 자체다. – 러시아 작가 체호프

그리고 『아이디어 모드』의 저자인 잭 포스터도, "내 마음은 변할 수 있다. 나 자신을 대하는 사고방식이 변하면 인생도 변할 수 있다. 이것은 반드시 옳다."라고 했습니다. 나 역시 그렇게 생각합니다.

지금까지 이야기한 방법을 일상생활 속에서 실천해간다면 몸속뿐만 아니라 외모까지 빛나는 건강한 몸을 가질 수 있을 것입니다. 지금보다 건강해지기 위한 열쇠는 과학적 사실에 근거한 바른 식사와 몸 관리, 그리고 마음의 개혁입니다.

마지막으로 여러분에게 거울 앞에 서서 거울에 비친 자기 모습에 자신을 가지라고 부탁하고 싶습니다.

빛나는 미래를 위해서 모두 자신감을 가집시다.

업무체력

펴낸날	초판 1쇄 2012년 2월 29일
지은이	가와다 히로시
옮긴이	최지영
펴낸이	심만수
펴낸곳	(주)살림출판사
출판등록	1989년 11월 1일 제9-210호

경기도 파주시 문발동 522-1
전화 031)955-1350   팩스 031)955-1355
기획·편집 031)955-4671
http://www.sallimbooks.com
book@sallimbooks.com

ISBN 978-89-522-1742-4   13520

※값은 뒤표지에 있습니다.
※잘못 만들어진 책은 구입하신 서점에서 바꾸어 드립니다.

책임편집 **박종훈**